经济金融前沿译丛

解读《多德—弗兰克法案》及其影响

金融新政

The New Financial Deal
Understanding The Dodd—Frank Act and Its (Unintended) Consequences

戴维·斯基尔（David Skeel） 著

丁志杰 张红地 等译

WILEY 中国金融出版社

责任编辑：马　杰
责任校对：潘　洁
责任印制：丁淮宾

The New Financial Deal：Understanding the Dodd－Frank Act and Its（Unintended）
Consequences，David Skeel.
Copyright© 2011 by David Skeel，All Rights Reserved.
Introduction© 2011 by William D. Cohan，All Rights Reserved.
北京版权合同登记图字 01－2011－2448
《金融新政：解读〈多德—弗兰克法案〉及其影响》中文简体字版专有出版权
属中国金融出版社所有，不得翻印。

图书在版编目（CIP）数据

金融新政：解读《多德—弗兰克法案》及其影响/（美）斯基尔著；
丁志杰等译 . —北京：中国金融出版社，2012.1
（经济金融前沿译丛）
ISBN 978－7－5049－6117－4

Ⅰ . ①金…　Ⅱ . ①斯…　②丁…　Ⅲ . ①金融政策—研究—世界
Ⅳ.①F831.0

中国版本图书馆 CIP 数据核字（2011）第 197912 号

出版
发行　中国金融出版社

社址　北京市丰台区益泽路 2 号
市场开发部　（010）63266347，63805472，63439533（传真）
网上书店　http：//www.chinafph.com
　　　　　　（010）63286832，63365686（传真）
读者服务部　（010）66070833，62568380
邮编　100071
经销　新华书店
印刷　利兴印刷有限公司
尺寸　169 毫米×239 毫米
印张　12
字数　176 千
版次　2012 年 1 月第 1 版
印次　2012 年 1 月第 1 次印刷
定价　45.00
ISBN 978－7－5049－6117－4/F.5677
如出现印装错误本社负责调换　联系电话（010）63263947

翻译人员：

丁志杰　张红地

丁　芊　姜　超　相　铮

庄　建　张　荣

前　　言

2008 年 9 月 15 日是全球金融市场上声名狼藉的一天。不受控制的次级贷款危机促成了不断上升的金融压力，而过度的风险担当和贪婪则点燃了它。那天的凌晨两点钟左右，在美国财政部、联邦储备系统、证券交易协会还有雷曼兄弟控股公司等机构的坚持下，有着很多国际经营业务的美国第四大投资银行按《破产法》第 11 章进行破产。这件事将使得全球金融系统面临被摧毁的危险。雷曼兄弟的破产催生了过量的文章、书籍，同床异梦，还有各式各样的政治密谋和交易处理。

戴维·斯基尔已经跨上了这样一个台阶，他把主要注意力集中在导致 2010 年的《多德—弗兰克法案》产生和出现的事件上。戴维试图去完成这个很困难很敏感的任务。为了解释和评论一个备受公开和私人场合争议的、媒体关注的、浩繁的听证会研究的条款，并且这个条款充满了对于主要审判权的国会竞争，他需要有高度的胆量和智慧。戴维就展现了这两种能力。

形成《多德—弗兰克法案》的过程已经被制成了至少三部纪录片或者电影。金融改革的风险就是会引来大片反对的呼声。金融机构经常在几乎要摧毁全球金融系统的金融危机中承担着引起危机的罪名，这也使得金融机构一般会反对任何有意义的改革。它经常会发起广泛的、极端的、大花费的游说行动，这个行动赢得了与尝试着取消金融改革的游说家们有着密切工作关系的众议院少数党领袖、国会议员 John Boehner 的广泛支持。

《金融新政》全面、巧妙地导出了产生金融改革的环境。这本书体现了尝试着去执行能够有形地影响商业运作改进条例的艰难、压力和不稳定性。书里还描述了具有新投资和证券方式的 21 世纪前十年发展起来的金融新世界，比如说那时产生的衍生产品，当时因为衍生产品的神秘的不透明的特征而不为人们理解接受。它们迷惑了监管当局，从某种程度上说它们根本没有被监管，从而承担了巨大的风险。并且，获得信贷产生了过度的杠杆作用，使得投资者和整个经济体系处于巨大的危险中。

《金融新政》生动地描写了金融危机导致的崩溃的市场环境，清楚阐述了对金融改革的需求及其机会所产生的反对意见。《金融新政》适时地提出了《多德—弗兰克法案》和它的不足之处是否能够解决全球所关注的问题，也就是是否能够产生一个实际的、有意义的能够避免出现像2008年那样金融危机的金融改革。正如《金融新政》里所说，答案并不明确。

《金融新政》是对金融市场和全球经济感兴趣的人们的必备读物。戴维·斯基尔将《多德—弗兰克法案》颁布前的事件阐述清楚，并且使得法案的功效和意料之内及之外的潜在影响都真相大白，他应该受到表彰。

Harvey R. Miller
雷曼兄弟破产事件的首席律师

一些重要的人物

本·伯南克：美联储主席——2006 年至今

本·伯南克（Ben Bernanke）曾很长一段时间都是普林斯顿大学的经济学教授，在 2002 年他还同时被任命为美联储的理事。作为一名学者，他以研究大萧条的起因而著称。他发誓他再也不会犯下美联储在大萧条时期犯下的错误，即在危机时期限制获得资金。无论其他人怎么看待伯南克的表现，毋庸置疑的是他和他的同伴们都很好地恪守了自己的诺言，引导资金流向贝尔斯登、美国国际集团、商业票据市场和其他的需要者。他、亨利·保尔森以及蒂莫西·盖特纳组成了应对 2008 年金融危机的监管"三剑客"。

克里斯托弗·多德

2009 年末，来自康涅狄格州且连任三届的参议员克里斯托弗·多德（Christopher Dodd）宣称他将不会参与 2010 年的连任竞选。多德的决定最终没有实现，许多人将这解释为是为了应对丑闻——国家金融服务公司曾为他提供了低于市场利率的住房贷款，该机构是领先的次级贷款提供者——还有是为了国会民主党派黯淡的竞选前景。作为参议院银行委员会的主席，多德是参议院立法的关键人物。多德对法案中的一些附加条款持批评的态度，例如沃尔克规则。

巴尼·弗兰克

巴尼·弗兰克（Barney Frank）来自马萨诸塞州，很长一段时间都是国会成员，而且是众议院金融服务委员会的主席，他是白宫立法过程中的关键人物。在 2008 年危机期间，弗兰克因为抗拒在早先十年间对房利美以及房地美实行改革而受到广泛的批评。他是新消费者金融保护局和法案中较民粹主义条款的倡导者。

理查德·福尔德：雷曼兄弟的首席执行官——1994 年至 2008 年

理查德·福尔德（Richard Fuld）在早先十年被视为是一个雷曼神话，他职业生涯的很长一段时间都是在这个银行得到了升迁。他的声誉在 2008 年夏天很快发生转变，当时雷曼没能与几个可能的收购者和投资者达成协议，最终在 9 月倒闭了。

蒂莫西·盖特纳：财政部长——2009 年至今

作为一个外交官的后代，蒂莫西·盖特纳（Timothy Geithner）一直被描述为是一个前华尔街银行家，但是他却从来都没有在华尔街的任何私人部门工作过。在亨利·基辛格的咨询公司短暂工作一段时间之后，盖特纳在 20 世纪 90 年代克林顿政府时期开始在财政部工作。这段时期见证了 1994—1995 年的墨西哥救助和（从华尔街银行筹资）1998 年的长期资本管理公司操作对冲基金的失败。作为纽约联储银行的行长，2003 年到 2009 年盖特纳一直任职这个职位，他与亨利·保尔森和本·伯南克一同成为导致 2008 年紧急援助的关键因素。他和劳伦斯·萨默斯是奥巴马政府制定《多德—弗兰克法案》最重要的两个顾问。

亨利·保尔森：财政部长——2006 年至 2009 年

亨利·保尔森（Henry Paulson）曾是高盛投资银行的高层领导，作为高盛投资银行家工作很长一段时间后，在 2006 年他被布什政府任命为财政部长。保尔森最初对此不予考虑，但是不久他就同意了接受这个职位，但是以能够经常见到总统为任职条件。他更加倾向于对贝尔斯登和美国国际集团（AIG）采取援助，而且他反对对雷曼兄弟提供援助，他建议以此为信号告知外界没有一家公司可以依靠政府援助。他不久后也声明政府没有能力援助雷曼，因为雷曼没有能力为美联储的紧急援助贷款提供抵押。他要求国会提供一个基金，也就是在 2008 年 10 月通过立法成立的 7 000 亿美元的问题资产救助计划（TARP），而且先锋性地使用这个基金中的 170 亿美元为通用汽车和克莱斯勒提供了贷款。

劳伦斯·萨默斯：国家经济委员会主席——2009 年至 2010 年

劳伦斯·萨默斯（Lawrence Summers）是两位经济学家的儿子，同时他又是另外两名经济学家的侄子（他们分别是诺贝尔经济学奖得主保罗·萨缪尔森（Paul Samuelson）和肯尼斯·阿罗（Kenneth Arrow）），他在28 岁的时候就已经在哈佛大学获得了终身教职。他一开始在罗伯特·鲁宾手下担任财政部长助理，随后在克林顿政府后期担任财政部长一职。萨默斯在 2001 年被选为哈佛大学校长，但是在一次会议上，他提出科学家应该研究一下在"高端领域"男性知识分子比女性多的概率有多大，这使得他的职位受到了动摇。在经历了一年内的数次争论之后，他被迫辞去了这个职务。在 2007 年和 2008 年间，萨默斯在《金融时报》上发表了一系列经济类的专栏文章，他又以一种大家所喜爱的方式回归到公众的视野。他是奥巴马竞选总统过程中的一名重要的顾问。如果不是因为在哈佛的争议，许多观察家认为奥巴马会任命他为新任的财政部长。作为美国国家经济委员会主席，这不需要通过议会的同意，他是奥巴马总统的一名关键顾问。他和盖特纳一起推动了《多德—弗兰克法案》的通过。

保罗·沃尔克

由于在 20 世纪 70 年代处理恶性通胀问题中坚定的做法，保罗·沃尔克（Paul Volcker）被许多华盛顿和其他地方的人所推崇。作为美联储主席，他和他的继任者逐步调高利率。尽管有人认为美联储的立场导致了卡特总统连任的失败，但是它在处理通胀问题上还是广受认可的。在2008 年，沃尔克是奥巴马总统的重要顾问。但是他的作用在选举之后就受到了削弱。在《多德—弗兰克法案》的争辩中，沃尔克的立场鲜明，他认为商业银行应该被禁止参与自由产权交易——用它们自己的账户买卖衍生产品和其他金融工具。政府一开始对他的建议不予评论，但是后来奥巴马总统在 Scott Brown 接替爱德华·肯尼迪出任马萨诸塞州议员的两天后，同意了他的观点——沃尔克规则，这意味着民众已经普遍对医疗改革方案和 2008 年的财政援助方案产生了不满。

伊丽莎白·沃伦

作为哈佛大学的一名法学教授，伊丽莎白·沃伦（Elizabeth Warren）长期以来一直反对信用卡产业，提倡应该维护消费债权人的利益。在此次危机前，沃伦被我们熟知是因为她作为共同作者，出版了两本对消费债务人广泛经验研究的书，正如《双收入家庭陷阱》这本书一样。在和她女儿一起写的这本著作中，她们认为在 20 世纪 70 年代女性开始参加工作时陆续出现的双职工家庭，相比以前的单职工家庭更容易受到经济的冲击。2008 年底，沃伦被 Harry Reid 议员任命为援助计划监管委员会的主席。问题资产救援计划已经给了财政部 7 000 亿美元来平息银行系统的危机，而该委员会就是在救援计划下管理各种费用。沃伦早在 2007 年和 2008 年她的文章中就开始构想一个新的消费者管理机构。尽管沃伦很明显是消费金融管理局主席的最佳人选，但是现在还不清楚她是否能顶住共和党和中立的民主党人的反对而当选。为了避开这个障碍，奥巴马总统任命沃伦作为他的助手，并且是盖特纳部长的一名特殊顾问——相当于新消费者保护局的主席。

目　　录

第一部分　重新认识金融危机

第二部分　2010 年金融改革

引　言

　　正如一场大雪过后，肯定有孩子们去玩雪橇——引用耶鲁经济学家 Arthur Okun 的话——金融危机后必将会留下金融监管的新烙印。

　　1929 年股市崩盘后的岁月很好地印证了这个道理，当时国会通过一系列金融改革方案——并经富兰克林·罗斯福总统签署成为法律——旨在减少这些感染全国银行体系的过度投机冒险行为，并要求从事证券销售的企业加大信息披露范围。1933 年的《证券法》是第一部规范证券销售的联邦法律，美国证券交易委员会在第二年成立，要求公司披露一系列信息并进行证券登记（这一年间，美国贸易委员会负责批准公司证券的发行）。1933 年法案要求证券交易委员会来核准证券发行人在证券发售前提交的"注册登记表"。总体来说，在这 77 年中，这个体系运行良好并制止了众多臭名昭著的金融欺诈事件。

　　此外，1933 年的银行法案——众所周知的《格拉斯—斯蒂格尔法案》——不仅设立了联邦存款保险公司，还迫使银行分业经营，在从事吸收公众存款的商业银行以及从事承销股票和债券等风险性业务的投资银行间选择其一。《格拉斯—斯蒂格尔法案》相对直接地要求银行机构在 1936 年前作出抉择，这样就可以保护存款人的利益，使他们的资金免受不必要风险。

　　对多数银行而言，这个抉择其实很简单，毕竟同时涉足商业银行和投资银行业务的金融机构很少。高盛集团与雷曼兄弟及拉扎德公司一样，一直从事投资银行业务。同时涉足商业银行和投资银行业务的 J. P. 摩根公司，选择了商业银行业务并将投行业务的合伙人分离了出去，后者成立了摩根士丹利，今年正逢其成立 75 周年。1932 年，通过合并小公司，第一波士顿公司在波士顿第一国民银行的投资业务基础上成立；1934 年，依据《格拉斯—斯蒂格尔法案》，第一波士顿公司脱离出了商业银行业务，成为了第一家公共持股的华尔街公司。

《格拉斯—斯蒂格尔法案》颁布后，华尔街似乎变得成熟稳重并逐渐步入理性发展的正轨，再无一家华尔街公司可以影响到金融系统的稳定。总体而言，组成华尔街的这种小型私有的股权关系对资金的运用采取了审慎的风险态度。很多公司得以发展壮大，其股东也变得富有。

但这并不意味着华尔街已不再是一个风险之地。例如，20 世纪60 年代末70 年代初的投资银行后端危机——人们基本已经淡忘——是从 1967 年开始的，当时主要的股票交易所成交量突然暴增，那些资本化不足的私有合伙企业无力解决因交易量的突然飙升所带来的大量交易结算工作。许多公司没有及时增加后端员工去处理新增业务。不幸的是，当足够的员工被雇佣时——当然是匆忙雇佣的——能力强的雇员的待遇变差了。一些公司陷于未经处理且计算错误的文件海洋之中。

但是到 1969 年底，"文案工作中最艰难的部分已得以解决"，当时的纽约证交所经理 Lee Arning 说到。尽管危机开始的那段非常时刻，许多经纪商为了处理文件而使得人力成本快速上升，但是，业务量却迅速下跌。当时大家都觉得 1970 年是资本主义自 1929 年以来面临的最为严重的考验。"我们通过 650 家道琼斯指数企业来观察世界形势，佩恩中央铁路公司破产、信用危机、柬埔寨问题、肯特市问题——我们不清楚一切将去向何方，当时的情况真的是非常糟糕"，拉扎德公司的高级合伙人 Felix Rohatyn 这样向纽约时报说到。

1970 年的盛夏，担任纽约证券交易所危机委员会主席的 Rohatyn 必须应对一场全面危机：老牌的知名零售经纪商海登斯通公司濒临解体，约瑟夫·P. 肯尼迪曾借助这家公司创造财富以资助其二儿子竞选美国总统（约瑟夫·P. 肯尼迪曾是美国证券交易委员会第一任主席）。海登斯通公司在全国有 62 个办公室，但其后台系统却是一团糟。更糟糕的是，该公司即将退休的合伙人纷纷撤回自己对公司的注资。在华尔街财富蒸发的大形势下，这些情况导致公司运营亏损，将海登斯通公司推向破产违约的边缘。尽管华尔街一片惨淡，但 Rohatyn 快速找到了海登斯通公司的拯救者桑迪·威尔（Sandy Weill），这位金融奇才曾预见性地为他的 Cogan，Berlind，Weill & Levitt 公司建立了最新水平的清算系统（当时该公司被视为华尔街的小丑，绰号为"莴笋碎牛肉"）。Rohatyn 断定，日后创立金融巨鳄花旗集团的桑迪·威尔，是为数不多的有能力迅速解决海登斯通公司账款不足问题的人物之一。然后 Rohatyn 精心策划了几场并购，把处于垂死挣扎边缘的经纪公司与健康的证券公司合并。最后，危机终于得以解决。

　　尽管到 90 年代初，商业银行——J. P. 摩根、花旗和大通曼哈顿银行等——开始侵入投资银行的业务范围，设法去承销债券股票及提供并购咨询服务。商业银行指出，因为它们贷款给美国企业会承担资产负债表风险，它们也可以从中间业务这块大蛋糕中分一杯羹。1998 年，多亏了桑迪·威尔，他主导了花旗集团和所罗门美邦公司旗下的旅行者集团之间的并购，这使得商业银行业务和投资银行业务的隔离墙倒塌。1999 年，克林顿总统签署了《格雷姆—里奇—比利雷法》，从法律上废止了《格拉斯—斯蒂格尔法案》。

　　在接下来的十年里，一切都乱套了。这一切已成历史。2007 年和 2008 年的金融危机，使得我们拥有了《多德—弗兰克华尔街改革与消费者保护法案》（以下简称《多德—弗兰克法案》），奥巴马总统在 2010 年 7 月将之签署生效。《多德—弗兰克法案》并不像 20 世纪 30 年代的金融改革那样内在地顺从了华尔街的意愿，这部 2 300 多页的法案似乎使早已波澜起伏的局面再掀波澜：银行必须放弃自营交易吗？它们能继续拥有对冲基金吗？私募股权基金该如何呢？银行在持有另类投资时真正遵从了 3% 的一级资本率吗？哪些用于交易的衍生品会禁止？应该有多少票据交易所呢？这些甚至更多问题的答案取决于美国证券交易委员会、财政部、美联储和其他机构对新法案相关法规的起草制定过程。

　　当我们在期待《多德—弗兰克法案》的最终结果时，我们也感谢戴维·斯基尔教授对新法案的及时、充分、清楚的深入浅出的阐释。对于试图理解《多德—弗兰克法案》对华尔街未来和我们自身影响的读者来说，斯基尔教授详细分析了法案的细节与错综复杂之处，并为监管机构提供了一个路线图，以确保华尔街不会再次欺骗大众。

威廉·D. 科汉

《卡片做的房子》、《最后的大佬》和

2011 年即将出版的《高盛》

等著作的作者

第一章 统合主义思想进入美国监管体制

2010 年 7 月 21 日奥巴马总统签署《多德—弗兰克法案》，使之成为法律，由此开启了金融监管的新时代。旧时代可以追溯到 20 世纪 30 年代早期，罗斯福总统和新政国会制定了 1933 年和 1934 年的证券交易条例，同时也进行了银行业改革。这次改革拆分了华尔街的一些巨头银行，并第一次提出存款保险制度。它们保证投资者再也不会被迫绞尽脑汁在无管制的市场里生存，而普通的美国公民在银行倒闭时也不必担心会丢失他们毕生的积蓄。

此次金融危机是美国自大萧条以来经历的最为严重的一次，金融产品和以前从未想到的新的融资方式加剧了危机的蔓延，而新法案的出现是在这场危机后的第三个年头。在像 Countrywide 这样的主要抵押贷款提供商面临倒闭，以及贝尔斯登、房利美、房地美、雷曼兄弟和美国国际集团崩盘之前，很多美国人甚至从来没听说过资产证券化。大多数人并不了解这个证券化的全过程——除了重复有关将抵押贷款"分层切割"的陈词滥调——但他们知道对这些金融创新的监管不当是造成这场危机的主要原因。

2008 年政府救助贝尔斯登和美国国际集团，并在同一年对花旗银行、美国银行还有其他大银行注入超过 1 000 亿美元的资金后，美国人开始认识到现行的监管体系并不能有效监管大型金融机构。从一本有关金融危机的畅销书里就可以看出旧的监管体系有多么脆弱。Bill Cohan 在《卡片做的房子》一书中描述了这个国家的最高监管者——前财政部长亨利·保尔森（Henry Paulson）、美联储主席本·伯南克（Ben Bernanke）以及前纽约联邦储备银行行长蒂莫西·盖特纳（Timothy Geithner）——在决定贝尔斯登命运的时候，对这家投行的金融状况知之甚少。《大而不倒》

揭示了在接下来充满灾难的几个月里，决定到底是国有化（如房利美和房地美），或是放手不管（如雷曼兄弟），还是进行救助（如美国国际集团），是多么的忐忑。在 Sorkin 的书里有一页关于亨利·保尔森通话记录的图片，其内容足以让人停止心跳。[1]

《多德—弗兰克华尔街改革与消费者保护法案》——简称《多德—弗兰克法案》——美国制定的 21 世纪新的监管体系。为了了解在未来 5 年、10 年或是 20 年里美国人的金融生活是什么样的，以及在下次危机时监管层会作出何种反应，我们必须了解《多德—弗兰克法案》的内容和意义。总之，你将从本书里找到答案。

新法颁布的过程

《多德—弗兰克法案》的筹备工作是从 2009 年 3 月开始的，当时财政部在 G20 峰会之前发布一个称为"监管之路的规则"的框架文件。几个月之后财政部公布了更完整的白皮书，并且提议了制定新法，这个白皮书将为所有最终通过的主要法规条文提供一个模板。

2009 年的整个夏天和秋天，财政部长盖特纳和该立法的其他几个支持者饱受了外界的各种批评。作为右派，新兴的茶叶党运动称该金融改革方案与医疗改革一起，体现了奥巴马当局大政府式的管理倾向，并且谴责这项改革是将 2008 年的救助政策制度化。很多左派人物也同样对这项改革提出批评。在这些自由言论家看来，救市政策和立法方案是政府为了迎合华尔街而制定的，尽管这些措施并没能减轻金融危机给华尔街带来的痛苦。

为了回应外界的质疑，政府对立法中可能需要采取救助政策的部分进行了更为严格的规定。它们还坚称该立法不会再允许出现上年的救助情况。它们声称，赋予监管者拆分处于破产边缘的具有系统重要性金融机构的权力，将终止救助政策的使用。

颁布立法的第二步是国会议员巴尼·弗兰克（Barney Frank）在众议院金融服务委员会提出了一个立法的新版本，此后，在 2009 年 12 月 11日，他又在众议院上提出该立法方案。

2009 年 1 月，共和党代表 Scott Brown 以压倒性的优势当选马萨诸塞州议员，以代替 Edward Kennedy，奥巴马政府被迫就公众对立法的批评作出让步。在 Brown 当选后的第二天，奥巴马总统签署了一项由前美联储主席保罗·沃尔克提出的一项议案，该议案将禁止银行参加私人交易——禁止其开展私人业务。而直到 Brown 当选以前，政府认为这是对大银行经营活动的不良干涉而拒绝了该议案。

即使政府作出了让步，新法案的命运在之后的几个月里仍然悬而未决 由于国会中民主党占多数席位，而现行的监管体制中确实存在明显的不足，很多观察者认为新法案的某个版本将会被通过。但是具体是哪个版本，或何时能通过，目前尚未确定。

而推动法案通过的关键因素，却再一次来自国会之外。4 月 19 日，美国证券交易委员会（SEC）起诉高盛，这家金融巨头被认为是这场金融危机的元凶之一。用《滚石》杂志上的一句名言来形容，那就是"一只以人道伪装其本来面目的巨大吸血乌贼，残酷地用它那吸血的触角伸向任何闻起来像钱的东西"。经过投票，证券交易委员会最终以 3 比 2 的票数通过了起诉高盛的决议，罪名是涉嫌欺骗投资者，因为高盛没有告诉投资者它所出售的抵押贷款相关产品是有风险的，并且这些抵押品已经部分地被对冲基金认为其存在违约风险。对证券欺诈的指控扭转了整个局势，新法案得到了公众的大力支持。5 月 20 日，参议院通过了以参议院银行委员会主席克里斯托弗·多德命名的多德法案。在接下来的两个月里，协商委员会解决了两个法案的分歧，随着总统的签字同意，《多德—弗兰克法案》就此诞生。[2]

《多德—弗兰克法案》的两个目标

与有关《多德—弗兰克法案》毫无逻辑的谣言相反，这部 2 319 页的法案中的华尔街改革部分（去掉空白和间隔约 800 页）就写了两个明确的目标。其中第一个目标是控制当代金融的风险——通常被评论家称为影子银行体系；第二个目标是减轻大型金融机构倒闭所带来的危害（尽管华尔街改革是这本书的重点，但是书中仍然用了一个章节描写新的消费监管体系，这正是《多德—弗兰克法案》在保护消费者方面作出的主要贡献）。

《多德—弗兰克法案》通过为新金融世界中的金融工具和金融机构构建全新的监管体系来达到了第一个目标。此处涉及的金融工具主要是指金融衍生品。衍生品是一个由双方（各方都称为一个交易对手）签订的合约，合约的价值取决于利率、货币或者是其他标的物的变动，还可能受到特定事件（比如公司的违约）出现的影响。一家航空公司也许会购买一份关于油价的衍生品，以对冲油价变化可能带来的损失。在这份衍生品合约下，如果到期时油价上涨，航空公司将获得支付。美国西南航空早期成功的关键就在于对这些衍生品的明智使用。

《多德—弗兰克法案》管理这些合约风险的主要措施，就是要求这些衍生品能够在交易所清算和交易。为了清算一种衍生产品（或者就此而言别的什么产品），各方安排一个清算所去监督双方在合约中的表现。举例来说，如果银行卖给西南航空公司一个石油衍生品失败了，清算所应该支付给西南航空公司当前和原始石油价格的差价，或者安排一份替代合约。如果某些衍生品在交易所被交易，那么它应该有标准化的条约限制并且应该在有组织的交易所里交易，而不是由西南航空公司和银行私下协商决定的。清算可以直接减少交易双方的风险，而在交易所交易使得衍生品市场更加透明，间接减少了交易双方和金融系统的风险。

为了更好地监管金融机构，《多德—弗兰克法案》力求挑选出那些一旦倒闭就可能引发系统性问题的金融机构，并对它们进行更严密的监管。该法案特别关注资产在500亿美元以上的银行控股公司，也关注像投资银行或保险控股公司这类金融稳定监督委员会认为具有系统重要性的非银行金融机构（"银行"在这里是指商业银行——能够接受消费者存款的银行。银行控股公司是指在其众多从属公司中至少有一家商业银行，或应受到银行业监管的公司，正如高盛和摩根士丹利在2008年秋天经历的那样。我有时候所指的"银行"是这两者中的一个）。同其他的34家银行一样，像花旗银行或美国银行这样的银行直接就具有这样的资格，而像美国国际集团这样的保险公司只有在金融稳定监督委员会确认其有系统重要性以后才具有资格。在《多德—弗兰克法案》下，监管者要求这些有系统重要性的金融机构设置一个比普通的金融机构更大的缓冲资本，以减少可能破产的风险。[3]

如果《多德—弗兰克法案》的第一个目标是控制金融机构或金融市场崩溃之前的风险，那么法案的第二个目标就是控制具有系统重要性的金融机构倒闭以后所引起的风险，尽管事前每个人都尽了最大努力避免其发生。针对第二个目标来说，该法案引进了一个新的破产规则——《多德—弗兰克法案》处理规则。如果监管者发现一个具有系统重要性的金融机构发生违约或者处在违约的边缘，他们可以向华盛顿的联邦法院提交申请书，着手整个处理过程，任命联邦存款保险公司（FDIC）接管该金融机构并进行清算，这与联邦存款保险公司长期以来对普通商业银行的做法一样。

"新政"改革后，诞生了联邦存款保险公司和证券交易委员会，同样地，《多德—弗兰克法案》也创造了许多新的监管机构去实现这两个目标，包括拥有众多主要金融监管机构高级官员的金融稳定监督委员会，以及一个全新的联邦保险监管机构。我之前提到过另一个重要的新的监管机构（消费者金融保护局）也会出现在这个法案里，它在某种程度上是为了限制华尔街的主要银行。

其他改革的一个简要回顾

本书从始至终主要关注的是与开始描述的两个目标有直接关系的改革。虽然这些改革在众多改革中显得尤其重要，但是其他的一些改革也应受到重视。在这本书里我简单地评价了每一项改革，这对简要而确切地区分这些改革也许会有一定的帮助。

首先的两个改革都是公司治理改革，它们的目的都是为了赋予股东更多的权利。其中相对重要的一个改革是使证券交易委员会有权要求公司在年会召开前发放的委托材料中既包含股东提名的董事，又包括公司自己提名的董事。证券交易委员会利用这种权力批准了一项决议，即拥有公司股份3%以上的股东有权提名25%的董事席位。另一个改革曾经是奥巴马竞选总统时的一个承诺，在支付公司董事和高管人员补偿金这个问题上赋予股东不受约束力的投票权。两者都不太可能产生特别大的效果，尽管第一个改革——被称为代理参与——在董事会内引起了焦虑的情绪。有批评人士指出，工会和养老金组织将会利用股东的这种新的权力去达到它们自己的目的。[4]

《多德—弗兰克法案》另一项改革是为了解决困扰资信评级产业的一些问题。信用评级机构——标准普尔评级公司、穆迪投资服务公司和惠誉评级公司——在次贷危机中没有给抵押贷款相关产品作出正确的评级，并且给大量后来发生违约的证券以投资评级。当前金融系统存在的一个问题是银行花钱为其发行的证券购买评级（我的学生们喜欢将之比作为一个学校的评分系统，学生对其得到的评分等级支付相应的价格）。尽管这个立法没有消除"发行人购买"信用评级的特点，但是它使得金融监管者改变一些规定，使得像养老基金和保险公司这样的机构投资者可以购买投资级以外的证券。该法案希望通过这些改变来减少对信用评级机构的依赖。消除对于信用评级证券的人为需求确实能够改进信用评级的过程。《多德—弗兰克法案》也涵盖了有关信用评级机构管理的一系列的规则。[5]

最后一个改革是，该法案第一次要求对冲基金必须注册登记。过去，对冲基金的一个突出特点是不受证券法的约束，且不必披露交易细节，从而不受有关部门的监管。而在《多德—弗兰克法案》下，对冲基金顾问现在必须注册，并且要做好随时接受定期检查的准备。[6]

这些改革条款每一个都与该法案的两个核心目标有关，但是又都不是核心。真正的核心是《多德—弗兰克法案》对衍生品的管理，对具有系统重要性的金融机构的监管，还有解决这些金融机构困境的新规则，以及消费者金融保护局起到的平衡作用。

两大主题的出现

我希望我能够说新的监管制度能够与所要更新的"新政"时期监管制度一样的成功，但是事实恐怕并非如此。除非能够克服新监管制度下的最大的弱点，否则此立法在危机中作为一种长期的监管政策，将永久地隐藏其表现出来的监管干预的倾向。

《多德—弗兰克法案》的两个目标本身没有问题。目标的定位是正确的，真正的问题是如何实现这两个目标。这部 2 000 多页的法案中反复又明白出现的两大主题：（1）政府与大型金融机构的合作关系；（2）监管者的临时干预，而不是一个可预测的以规则为基础的应对危机的方法。这两大主题中的每一个都可以严重扭曲美国的金融秩序，使得它更加具有政治色彩，减少波动性，比美国现代金融史上的任何时候都更进一步地破坏了法律的基本原则。

正如我刚刚提到的，第一个主题是政府与华尔街大型银行和金融机构的关系。《多德—弗兰克法案》挑选出一些金融机构，并对它们进行特殊的对待。资产达到 500 亿美元的银行，以及由新的金融稳定监督委员会认为具有系统重要性的非银行金融机构被归为这一类。与"新政"不同的是，这个法案并没有尝试去分解这些大型银行或缩小它们的规模。因为它们的特殊地位，没有人真的相信这些大型银行会倒闭，所以这些大型银行比别的金融机构要更加具有竞争优势。举例来说，它们能够比其他银行以更低的成本借入资金。《多德—弗兰克法案》让这些监管者使用多种多样的机制，通过主导机构去引导政府的政策。这种合作关系在两个方面发挥作用：对华尔街巨头的特殊对待，政府新的政策控制手段。

第二个主题与第一个主题有重叠的部分：《多德—弗兰克法案》中含有一个从基本法律约束中分离出来的临时干预系统。无约束的监管方式作为处理问题金融机构的手段已达到了一个新的高度。《多德—弗兰克法案》为了那些进行特殊管理的具有系统重要性的金融机构设计专门的规则，而这些规则甚至不需要提前确定某个金融机构是否具有系统重要性。如果监管者想接管一个苦苦支撑着的银行，它们坚称其"出现违约或者处在违约的边缘"，并称其违约可能会对金融系统的稳定造成"严重的危害"。除此之外，它们还可能会接管这家银行营业网络上的所有附属机构。一旦这个金融机构掌握在政府手中，联邦存款保险公司便开始对债权人进行挑选，对一些债权人全额付款，而其余的债权人则被排在受青睐的债权人之后进行支付。

对于法律规则的基本预期——这些规则是透明和可知的，在一些重大的问题上监管者不能任意为之——否则将导致这个新的监管体系被破坏。这个趋势也不仅限于我们正在讨论的终身问题。《多德—弗兰克法案》也引入对健康的金融机构实行临时干预的方法。

对于参与讨论并制定《多德—弗兰克法案》的人们来说，以上两个趋势他们并不陌生。其中，麻省理工学院的 Simon Johnson 教授和诺贝尔奖获得者 Joseph Stiglitz 认为大型银行由于机构庞大不能进行有效的管理，而且扭曲了金融市场的正常秩序，因此坚持认为应该拆分大银行。在本书中我把这个观点称为布兰德斯主义，以此来纪念布兰德斯·路易斯，他曾是罗斯福总统顾问和最高法院的法官，在 20 世纪初他一直提倡拆分大型银行。[7]

同样地，在立法辩论期间，许多评论家抱怨新立法忽视法律原则所产生的危险性。新的决议规则与一个可预测的、透明的、规则导向的破产过程之间的对比经常成为这场辩论关注的重点。

立法的实施者和拥护者并不是简单地忽视这些批评。在很多方面，他们被迫作出了让步。其中最重要的让步是一个被称为"沃尔克规则"的条款。这个规则是由 2008 年总统大选中担任奥巴马顾问的美联储著名前任主席保罗·沃尔克提出的。"沃尔克规则"使监管仿佛回到"新政"时期，它禁止银行同时经营商业银行和投资银行的业务。正如早先提到的，沃尔克规则禁止商业银行参加自营交易——也就是用银行自身的账户进行交易和投机——而这正是现代投行业务的核心，并且限制它们在对冲基金和股票基金上的投资。

有批评说新立法会诱使政府反复使用 2008 年采取的特别救助行动，为了回应外界的批评，立法的支持者重新修订了相关规则。第二个让步是修订了美联储过去为救助提供资金所采取的紧急贷款权，将一些破产条款引进了《多德—弗兰克法案》的体系中，并要求监管机制下的机构在破产时进行清算。

理论上，这些让步使监管者有能力管束大型金融机构。但是，在对法律的不可预料结果的经典解释中，这些让步只会让新立法的普遍倾向变得更糟糕。尽管"沃尔克规则"迫使银行调整其运营方式，但自营交易的概念非常模糊，以至于该规则的应用取决于监管者如何理解这个概念。这就意味着大型银行和监管者必须进行谈判，这个谈判仅仅是加强两者间的合作关系，为了避免这些银行将自营业务转移到国外，他们达成了某种隐性的协议，即政府放宽对自营业务的定义。

这种调整声称是为了结束救助和临时干预，但事实并非如此。尽管对美联储紧急贷款权的限制是建立在这样一个原则上，即联邦政府不能挑选出个别公司进行救助，但它们并不能防止未来出现救助行为。监管者可以迫使其他具有系统重要性的公司为救助提供基金——正如1998年长期资本管理公司倒台时他们所做的那样——或者他们可以创造一种表面上是全面救助，实际上却是对一家企业进行救助的信贷工具，以此规避管制。如果监管者已经接管一家大型金融机构，他们可以全权委托联邦存款保险公司挑选最优的债权人进行全额支付，从而避免受到类似银行破产条款的限制。

《多德—弗兰克法案》的两大中心主题——政府与大型金融机构的合作关系以及临时干预手段——在布兰德斯主义的让步下得到了完整的保留。

房利美效应

政府可能会通过挑选出来的进行特殊对待的大型金融机构传递政策信号，对此我已经作了很多说明。历史上，这种政府和大型金融机构之间的合作被称为统合主义。这一特征在欧洲的企业和金融监管中非常普遍。也许我应该就《多德—弗兰克法案》中这种合作关系所能发挥的作用进行详细的说明。

更加普遍的是《多德—弗兰克法案》赋予监管者自由实施立法的权力，从而导致政府通过大型金融机构传递政策信号。举例来说，当政府对大型石油公司或武器制造商表示不满时，监管者将决定花旗银行是否与这些公司进行自营交易。不难想象，由于监管者将决定花旗银行是否需要遵从"沃尔克规则"，为了避免受到规则的约束，花旗银行的董事们决定最好还是限制银行对这些政府不喜欢行业进行融资。在与超大金融机构的合作关系中，其他别的条款也将赋予监管者类似的影响力。

在 2008 年房利美和房地美倒闭并被国有化以前，不管是共和党执政还是民主党执政，这两家机构的经营都是在政府的管理下运行的。[8]

从《多德—弗兰克法案》赋予财政部长和财政部的特权中进一步体现该法案的统合主义思想。因为财政部长直接对总统负责，所以相对于其他金融监管者，他的独立性最小，最容易受政治因素影响。然而，在新成立的金融稳定监管委员会和其他监管机构中，财政部长却被赋予领导权。《多德—弗兰克法案》还在财政部内设立了一个新的研究机构——金融研究办公室。对知识的掌控就是一种力量，这意味着这个表面上中立的研究机构可能会成为财政部施加影响的另一个渠道。

掩饰行踪

对大型金融机构的特殊对待以及对临时干预手段的依赖产生了一个令人困扰的问题。为什么如此多的美国人对 2008 年政府的救助行动表示不满，并迫切要求改革？考虑到上述做法可能是造成这一问题的原因，我们应该如何终止具有类似性质的立法？

道理也许就是，危机中银行与政府之间的合作关系和临时干预手段都是不可避免的。我们不能把这种可能性置于脑后。换一个角度，在涉及国家安全的问题上，一些资深的法律学家称，在爆发国家危机时，政府的执行部门将不可避免地采取单边行动，而不会等待国会的批准。他们认为行政部门更需要对国家的整体利益负责，所以最好能够迅速果断地采取行动。[9]

金融危机时的情况大致相同。在危机时，法律总是会作出让步。但是即使是不能保证不再会有下一次临时救助行动，这个逻辑本身也并不能够解释《多德—弗兰克法案》。它不能解释为什么立法要保护华尔街银行巨头，也不能解释为什么立法不论是在危机还是正常时候都鼓励临时干预，而不是尽可能地减少这种手段的使用。

另一种解释也许更加合理：《多德—弗兰克法案》是给某些监管者一个机会去掩盖救助贝尔斯登和美国国际集团的事实，因为这个法案正是由当初设计救助方案的人起草的。

　　当后人回想《多德—弗兰克法案》由来的时候，第二种解释似乎更有说服力。考虑一种类似的情况，每家银行都会设置两个不同的贷款部门，其中一个部门对外发放贷款，而当借款人陷入财务困境时，这笔贷款将被转交给另一个部门处理。银行高层不会让批准这笔贷款的主管去处理有关贷款重构的谈判，因为他们怀疑促使贷款主管同意这笔贷款的因素可能会影响主管的判断。银行历来都知道，在出现问题后，它们需要从一个新的视角去分析问题。

　　《多德—弗兰克法案》忽视了这项合理经营的基本原则，它在处理问题时从来没有引入新的视角。正如我所提到的，前财政部长亨利·保尔森、前纽约联邦储备银行行长蒂莫西·盖特纳以及美联储主席本·伯南克是 2008 年救助方案的主要设计者。三人当中，盖特纳更加致力于将临时救助和金融政策作为监管部门高层与大型银行总管们之间进行友好谈判的一种手段（盖特纳能与主要银行的高管谈笑风生，似乎解释为什么他经常会被误以为是前高盛银行家）。通过任命盖特纳为财政部长，奥巴马总统确保了早期政策能够在新的管理层下得到继续执行。在整个危机中，本·伯南克仍然担当着美联储主席一职。三人中只有保尔森没有在新金融法案的构建中起到实质性的作用，虽然他也通过自己的方式对该法案表示支持：从修正主义的角度来叙述整个救助过程，建议给予他们三个人更多的管理权力。[10]

　　盖特纳领导下的财政部设计了一个机制，并尝试去完善由他、保尔森和伯南克在 2008 年所做的方案。这也就暗示了，新的立法使得他们的救助方案合法化，并掩盖了他们的行迹。

还有什么可以喜欢的？

　　一家主要银行机关的负责人最近给我的一封邮件中写道，《多德—弗兰克法案》是他一生中见过的"最差的金融法案"，并称其从头到尾就是个灾难。他是正确的吗？这个立法真的连一点点的贡献都没有吗？[11]

　　我并不是那么的悲观。尽管这个立法总的形式令人困扰，但它的其中一小部分内容确实能够改进目前的监管格局。在交易所进行衍生品的清算和交易就是一个名副其实的进步。即便如此，这方面还是存在很大的不确定性。像《多德—弗兰克法案》的大部分内容一样，在交易所进行清算和交易能在多大程度改善衍生品市场，取决于主要监管者实施改革时的效率——比如，他们是否能够确保大部分的衍生品确实被转移到清算公司和交易所，并且保证将清算公司管理得更好。但这项改革承诺要使衍生品市场变得比以前更加透明，并降低主要金融机构的违约风险，这将对整个金融市场产生巨大的影响。

该法案的第二个进步是新成立了消费者金融保护局，它是用来监督有关消费者信用卡和抵押贷款方面的行为。尽管新成立的消费者金融保护局将会成为美联储的一部分，但是它几乎完全独立于美联储和其他银行监管者的质疑（只有在它制定的某一规定可能会产生系统性危机的时候，别的监管部门才会推翻消费者金融保护局的决议）。尽管一些批评家认为消费者金融保护局被赋予了过多的权力，但在最近的这次危机中消费者的利益却没有得到充分的保护。举个例子，将保护消费者纳入美联储的其他目标中并不合理，这是因为美联储的主要任务是维持银行体系的稳定性，而这个目标同保护消费者一样都将使美联储承受相当大的压力。尽管保护消费者将成为美联储的目标之一，但由于现在它将被作为一项单独的任务，因此这个目标将更加稳固。

我想我的相对乐观还来自于其他方面。政府与大型金融机构的合作关系，以及为了应对金融危机所采取的临时措施所产生的效应没有造成更大的负面影响。我们可能会发现政治因素影响了银行的决定，即银行可能不会给那些有前景但不受政府关注的行业提供资金。在具有系统重要性的金融机构或公司陷入困境的时候，我们也可能会见到下一次的救助行动。但是我相信一些简单的改革也许能够抑制新法案可能带来的一些不好的影响。

■　■　■

在整本书的第一部分——"重新认识金融危机"——的一个章节中，我回顾了这次危机中的两个重大事件。第一个重大事件是雷曼兄弟的倒闭。传统的观念认为,救助是必要的,而破产不可行,而我却认为,雷曼兄弟产生的问题实际上正是监管层诱导的结果。在早先对贝尔斯登进行救助后,监管层强烈地表达出他们要对具有系统重要性金融机构的救助意愿。但是监管层却在最后时刻改变他们的态度,破坏了雷曼兄弟和它的潜在购买者的计划。另一个重大事件是对克莱斯勒公司和通用汽车公司的救助行动,尽管这次救助的重要性并没有被完全意识到。这次救助首先挪用了原本为金融机构设立的基金,然后采取了破产程序。监管者认为那些救助的成功是《多德—弗兰克法案》下监管哲学的一种证明。

本书的重点在第二部分,包括第三章到第八章的内容。在第三章,通过回顾在华盛顿的所见所闻,我将从内部讲述立法的整个过程,而在后面的几章里,我们将认真探讨新法机制下的每一个政策要点,并对其内容、意义以及它们带来的一些意想不到的结果进行解释。

在本书的最后部分,我展望未来。第三部分的第一章给出了一些破产改革的建议,这些改革能够抑制政府与银行之间过度的合作关系以及对临时干预的过度依赖;这一部分的第二章则思考如何应对被《多德—弗兰克法案》所忽视的国际金融新秩序的问题。

尽管本书中的大部分都是批评的言论,但在最后我仍然作出了一个充满希望的总结。

第一部分
重新认识金融危机

第二章 雷曼兄弟之谜

每一个改革的背后都有一个故事。在这一章，我们用一个鲜明的故事来说明新金融交易法案的形成。我们可以看到，正如很多读者已经知道的那样，这个故事的核心事件可以被总结为四个字：雷曼兄弟。

正如我一开始写的这些语句，前财政部长亨利·保尔森在立法濒临实施的时候接受了《纽约时报》的采访，采访中他表示对新立法的称赞。保尔森说道："我们本来很乐意为雷曼兄弟那样的公司专门设置一些条款，这是毫无疑问的。"记者写到，他还提到过"法案中的一项条款被称做清算授权，此条款使得政府对一个即将倒闭的投行或者保险公司放任不管，而不是迫使它破产，因此避免了破产导致的意料外结果的发生"。[1]

这一章就是对保尔森点评的每个假设进行质疑和重组的一个练习。为了理解立法的具体意义，我们就从对雷曼兄弟倒闭的认识开始说起。随后我们可以开始讲述一个完整的关于2008年的金融危机的故事以及它给金融监管带来的意义。这个故事将会改变开始提过的有关雷曼兄弟之谜的四个关键字：贝尔斯登。

如果贝尔斯登在2008年早些时候没有被救助的话，在它和雷曼兄弟倒闭之间的六个月里将会出现一幅大为不同的景象。但是政府在金融危机期间把自己全面投入到一系列的具有连续性的临时干预中去，并且同时一心一意建立《多德—弗兰克法案》。

贝尔斯登和新立法的最后的连接链是2009年克莱斯勒公司和通用汽车公司分别在春天和夏天破产。所有的早期救助计划都是布什政府执行的。尽管救助资金是由布什政府开始筹集的，但是克莱斯勒公司和通用汽车公司是属于奥巴马和他的汽车特别工作组的，这个工作组是由财政部长盖特纳和国家经济委员会主席萨默斯领导的。当一个重要的公司陷入金融困境的时候，汽车制造商破产作为新政府承诺救助的一种选择，这同时也倡导了一种新型的干预手段。这些救助不仅是指政府救助公司，还指哪些债权人应该被支付，哪些又该被放弃。这些确切的来说是新金融立法下的一种政府权力。

我从雷曼兄弟之谜开始说起。大家普遍认为雷曼兄弟破产引发了最严重的金融危机，这种观点是不全面的，我想这个危机在贝尔斯登如果没有被救助的情况下很有可能波及范围更广。然后我们转而讨论汽车制造商，他们所受到的救助为《多德—弗兰克法案》的建立打下了基础。

股票的故事

正如任何完美的故事一样，其间总会存在很多变数，雷曼兄弟之谜也是这样。在 2008 年 9 月 15 日的清晨雷曼兄弟申请破产之前，2008 年的大恐慌——随后被称为次贷危机——或多或少是可以控制的。在 2008 年 3 月联邦监管机构资助贝尔斯登，并且促成它被卖给摩根大通为接下来的事情起了一个好头。联邦监管机构也同样很明智地在六个月后救助了美国国际集团，尽管它们是笨拙地完成了这次行动。雷曼兄弟是一个大的例外——这个例外表明破产并不是处理大型金融机构崩溃的一劳永逸的好方法。雷曼兄弟破产引起了一系列的潮汐般的后果，几乎使得美国经济停滞，正如世界上很多其他经济体一样。简要的来说，这就是雷曼兄弟之谜。[2]

提及雷曼兄弟之谜，由记者和专家所写的速记在雷曼申请破产以来的两年里无所不在。"雷曼兄弟破产在金融市场上引发了一系列轰动的连锁反应，" Simon Johnson 和 James Kwak 将危机写进他们的书里，"一个政府的有力回应是相当必要的"，他们继续说道，"特别是在雷曼兄弟破产以后。""在美国内战前政府批准华尔街金融机构破产标志了在大恐慌时期中一个新的阶段的开始，" 根据华尔街日报记者 David Wessel 所说，

"在那时金融市场由不良变为糟糕。华尔街日报开始怀疑'周末是华尔街的死期'。"[3]

从包括上面刚刚提到的解释里可以看出更多的细节，事情的起因是雷曼兄弟在商业票据上违约所造成的效应——短期票据是很多公司融资的一个重要渠道。情况常常如此，雷曼兄弟的很多商业票据由货币市场基金持有，他们认为商业票据是安全的有吸引力的赚取利息收入的渠道。雷曼兄弟商业票据最大的持有者——一个被称为储备基金的基金——被迫"跌破"，也就是说它不能对他的投资者保证其所投入的每一美元本金都能被收回。这是货币市场交易的禁忌，惊动了商业票据市场和货币市场基金。雷曼兄弟衍生品的购买者和其他与雷曼兄弟有签订合同交易的当事人也开始恐慌，担心他们可能会因为雷曼兄弟申请破产而遭受巨大的损失。根据更细致的传统眼光来看，雷曼兄弟的倒闭使得金融市场的每一个角落充满了恐惧的气氛，即使是对于那些没有直接受到雷曼兄弟影响的参与者来说也是这样。接下来的所有的混乱，故事的继续——资助美国国际集团以及亨利·保尔森和本·伯南克对 7 000 亿美元的不良资产救助计划的迫切呼吁等其他——可以追溯到雷曼兄弟破产。雷曼兄弟的破产引发了恐慌，根据这个推理，破产一如既往地被认为是对困境中金融机构的非常规处理方式。

金融危机中的三个火枪手——保尔森、盖特纳和伯南克——企图巩固和巧妙地重塑传统说法。据他们所说，雷曼兄弟破产是一个灾难，但是他们的行为已经被束缚了。因为联邦储备系统只有在接受者可以提供抵押物以保证安全还款的情况下才可以去提供救助基金，并且他们声称因为雷曼兄弟没有多少可用的抵押物，所以政府就不能合法地对它进行救助。亨利·保尔森特别推崇这种解释。举个例子，在他对危机的回忆录中，他说道："雷曼兄弟资产的估值显示了它的资产负债表的一个漏洞。联邦政府不能合法地借钱去填补雷曼兄弟资金的缺口。这就是为什么我们需要找一个买家。"这个观点受到了普遍的和合理的质疑。在救助贝尔斯登和美国国际集团时这三人毫不犹豫地扩展新的立法；如果他们决心去救雷曼兄弟的话，我想他们也会做相同的事。[4]

尽管监管层声称他们对此毫无办法这一点并没有什么特别的说服力，

但是他进一步地巩固了有关于雷曼兄弟破产后果的传统说法。对于政府不去救助雷曼兄弟的质疑者来说，他们普遍认为雷曼兄弟破产是一个灾难。

有关于股票故事的问题表明这个观点几乎完全是错误的。认为雷曼兄弟倒闭是金融危机唯一的原因是错误的。认为破产不可避免意味着一场无秩序的失败也是错误的。毫无疑问的是雷曼兄弟是这个更完整故事里的一个重要的组成部分。如果单独来看，一些真实的细节将更加突显。起因的评论往往会广泛引起误导。

整个全局中的雷曼兄弟

即使我们仅仅只关注雷曼兄弟申请破产的那段时期，认为雷曼兄弟倒闭是危机产生的唯一原因这一说法还是经不起推敲的。如果雷曼兄弟能够独立地引起危机，那么我们将会希望看见市场对雷曼兄弟申请破产这件事反应更加强烈，对于救助美国国际集团这件事的反应要比整整两天后的实际反应小。但是实际情况并不是这样。

表2.1中几个主要指标的变化发生在雷曼兄弟申请破产那天之后，与美国国际集团接受救助贷款的第二天形成鲜明的对比。[5]

观察这四个指标，每日市场都是围绕着雷曼兄弟申请破产和美国国际集团接受救助的新闻反应，这表明了美国国际集团接受救助这件事即使不会更加重要，至少是和雷曼兄弟破产这件事一样重要。若用标准普尔500指数来衡量它们在股票市场的下跌的程度，它们几乎具有相同的重要性。用来衡量波动率指数的VIX指标（口语里称做"害怕指数"）在雷曼兄弟破产后有了一个轻微的上升。泰德价差，一个测试市场信用风险的指标，在美国国际集团接受救助后出现了一个较高百分比的上升（泰德价差是三个月的伦敦银行同业拆放利率（LIBOR）——银行间借款的利率——和三个月的美国短期国库券利率的差价）。类似地，短期的美国国库券（一个衡量投资者对安全资产偏好的衡量标准）在美国国际集团新闻之后下跌得更多。

表 2.1　对雷曼兄弟破产和美国国际集团的救助的反应

指数	雷曼兄弟			美国国际集团		
	9 月 12 日	9 月 15 日	变动	9 月 16 日	9 月 17 日	变动
标准普尔 500 指数	1 251.70	1 192.70	-4.71%	1 231.60	1 156.39	-4.71%
波动率指数 （VLX）	25.66	31.7	23.54%	30.3	36.22	19.54%
泰德价差	1.35	2.01	0.66	2.19	3.02	0.84
13 个星期的 短期国债	1.46	0.81	-0.65	0.86	0.02	-0.84

资料来源：Ayotte and Skeel，2010。

　　这些指标的最低点表明了一种普遍流传的观点，也就是认为雷曼兄弟按照〈破产法〉第 11 章破产是导致其随后信用崩溃的唯一原因，这种说法有点言过其实。指标的比照也表明了主要事件的新闻可以同时传递出两个不同的消息：第一，大的重要的企业陷入了困境并且缺乏流动性；第二，必须用一个特殊的程序来解决这个问题。在雷曼兄弟事件中，特殊程序指的就是破产，然而在美国国际集团事件中，这个特殊程序指的是救助贷款。上表里的指标暗示了市场不能区分两个不同的解决问题的特殊程序，取而代之的是指标的主要注意力集中在困境上。

　　从一个更广阔的时间上和一个略微不同的视角来看，约翰·泰勒（John Taylor），一个杰出的经济学家和财政部的前副部长，用更多的证据说明了雷曼兄弟之谜是对雷曼兄弟申请破产这件事的影响造成的曲解。泰勒首先观察相对长期的贷款 LIBOR 利率和隔夜拆借利率（隔夜指数掉期利率（OIS））。随着指标因为市场的动荡不安而飙升，这个 LIBOR – OIS 指标成为测试市场压力的另一个关键指标。[6]

　　在 2008 年，LIBOR – OIS 指标在 50 至 100 点之间（0.5% ~ 1.0%）不停地上下波动。正如图 2.1 所示，9 月 15 日当雷曼兄弟申请破产的时候，这个指标确实有小幅上升。然后 9 月 16 日这个指标又跌落到原先水平，尽管接下来的一个星期都是处于上升趋势。但是这些波动在全年的急剧波动中没有明显脱节过。一个真正的激化危机的波动开始于美国联邦政府和财政部要求从不良资产救助计划基金中拿出 7 000 亿美元用来应对危机。从 9 月 19 日星期五此要求被批准，直到 9 月 23 日保尔森和伯南克向国会作证 7 000 亿美元的救助金是阻止市场崩盘可能性的一个必要的举措，LIBOR – OIS 指标开始上升。最后 10 月 31 日指标在 350 个基点的时候达到顶峰（3.5%），那时候保尔森宣布了他的计划：使用不良资产救助计划基金购买陷入困境中银行的股票。

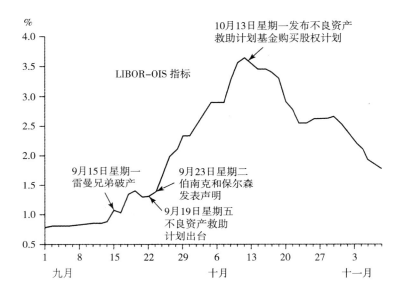

资料来源：Hoover Institution Press。

图 2.1 LIBOR – OIS 对 2008 年大危机的反应

泰勒发现了股票市场上有大致相似的轨迹（如图 2.2 所示）。在雷曼兄弟破产前，标准普尔 500 指数在星期五以 1 252 点闭市，周一的时候因为破产事件下跌至 1 200 点以下。但是在星期五，市场曾经恢复至 1 255 点，略高于雷曼兄弟破产前的水平。接下来的一个星期，伴随着不良资产救助计划的宣布，标准普尔 500 指数有了一个大的下跌。在不良资产救助基金被宣布要去购买银行股票的消息发放出去后，标准普尔 500 指数经过短暂的上升后，在 10 月 10 日的时候下降到 899 点的新低点。

虽然我们需要注意是否过度关注了这些事件，但是考虑到一系列的事件都同时发生，泰勒的分析强烈地表明危机并不能归因于雷曼兄弟破产。泰勒自己总结出：政府对于危机反应的不可预测性才是加重危机的

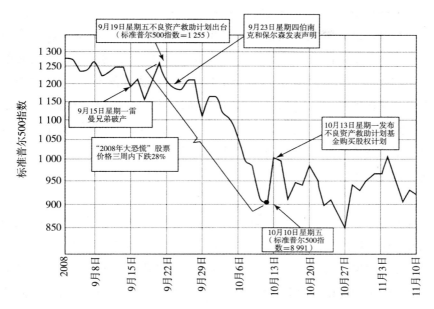

资料来源：来自 TAYLOR/WEERAPANA。经济学原理，6E. 2010 年西南机构（Cengage Learning 教育机构的一部分）。经许可转载。

图2.2　股票市场对2008年大危机的反应

主要原因。一个"特别的政府干预主义政策"，正如他在国会上所说，"在接下来的几个星期里才向全世界揭示，这个才是造成恐慌的原因"。[7]

雷曼兄弟的破产之路

正如我们前面看到的，如果我们考虑 2008 年 9 月和 10 月市场的真实反应，那么认为雷曼兄弟破产是引起最严重的金融危机的原因这种传统观点就不攻自破。那么关于雷曼兄弟之谜的其他原因是什么？有种观点认为破产是失败的，那么对陷入困境的大型金融机构的处理方式是无规律和低效率的吗？现在，传统说法也不一致了。

这个谜是这样的，雷曼兄弟的破产是一个灾难，随着破产申请书被递交到破产法院的时候雷曼兄弟的大部分价值——破产申请书上列出6 390亿美元——就消失了。事件慌慌张张落幕，这也是大银行一旦申请破产就会发生的。

这种推理下最明显的问题就是容易忽略雷曼兄弟申请破产的条件。6个月前对贝尔斯登的救助使得市场产生一个强烈的信号那就是政府将会救助任何大的陷入困境的非银行金融机构。在 2008 年的夏天，雷曼兄弟的 CEO 理查德·福尔德（Richard Fuld）接受了很多潜在购买者的报价，其中包括韩国产业银行（KDB）。福尔德在谈判中采取强权策略，就好像这些买家都非常地想要促成这笔交易。根据对危机最精确的描述，福尔德拒绝了这场交易，因为他的副官员坚持认为 KDB 应该用 1.5 倍的价钱去购买雷曼资产而不是 1.25 倍，并且认为应当保留雷曼的房地产业务，而不是将此业务解散。[8]

毫无疑问，福尔德有各式各样的理由去自满。即使是用投资银行 CEO 的标准，他也被同事描述成永远乐观的人。这种乐观精神使得他不了解雷曼兄弟处在多深的困境中，正如它的高杠杆作用暴露在次级房地产市场中的程度才使得雷曼兄弟被带到悬崖的边缘。"Dick 对于雷曼兄弟很骄傲，"正如一个朋友所说，"他很久之后才知道别人并不赞同这个观点。"福尔德也拥有大量雷曼兄弟的股权。外部投资者对雷曼兄弟的一个重大投资将明显地稀释他的股权和其他股东的利益，其中包括福尔德的资深管理人员。如果雷曼兄弟被立即收购，福尔德几乎肯定会被迫放弃控制权。[9]

尽管其中每个因素都确实起了一定的作用，另一个顾虑阻止了一切：福尔德非常自信的是如果其他方式都失败了的话，政府将会用救援资金介入。雷曼兄弟比刚刚被政府慷慨救助的受益人贝尔斯登大上好几倍，这点让福尔德坚信政府不会让雷曼兄弟顺其自然下去。福尔德相信如果事情由不好变成糟糕的话，他和亨利·保尔森还有其他官员的关系也会使得政府对雷曼伸出援手。在 2008 年的夏天，他告诉朋友们他和保尔森有大量的资金，然后他仍然相信"保尔森站在他这一边"，正如对金融危机早先的回顾所说，"甚至是财政部长也会公然地拒绝用纳税人的钱去帮助雷曼兄弟"。[10]

考虑到对救助的期望，福尔德和雷曼兄弟没有理由去制订一个井井有条的破产计划，如果他们把破产看成一个可行的选择的话他们很有可能就会这样去做。确实，一个认为他的公司是救助款的候选人的管理者有足够的动力去做相反的事：故意不去计划破产并且让破产看起来不是那么具有吸引力的计划，为的是劝服任何可能需要重新思量救助是不是唯一办法的政府官员们。

在雷曼兄弟可以指望救助这件事情上并不是福尔德一个人这么认为。雷曼兄弟的潜在购买者——包括直到最后同意购买美林而不是雷曼兄弟的美国银行，还有最后的购买者巴克莱银行——在最后一天仍将救助看成是银行对买者没办法的行为。Kimberly Summe 写道："很多市场参与者仍然相信要么是收购方向前迈进一步，要么是政府将会像对贝尔斯登所做的那样对陷入困境的公司进行资助。"[11]

这些期望可以从行动中看出来——或者是令人惊讶的没有做任何行动——在雷曼兄弟申请破产的几个月内有关雷曼兄弟债券的信贷违约保障指标。

如图 2.3 所示，雷曼兄弟信贷违约掉期指标直到雷曼兄弟申请破产之前不久都没有开始上升。事实上雷曼兄弟信用违约掉期指标在 2008 年夏天和初秋的时候都很稳定，尽管普遍的观点认为雷曼兄弟的经济状况不安全，并且也强烈地表示出市场参与者希望政府能够在必要的时候救助雷曼兄弟，这样的话信用掉期违约就不会发生。他们希望雷曼兄弟是另一个贝尔斯登。

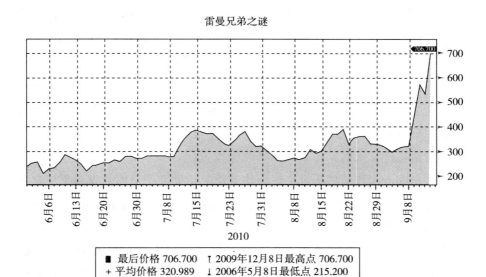

图 2.3　雷曼兄弟的信用违约掉期指标

那个时刻就是决定有世纪之久传统的雷曼兄弟是否走到尽头时的周末。财政部长保尔森和其他的监管者实质上通过拒绝提供资金无视大家的期望而让雷曼兄弟进行破产。雷曼兄弟原本可以作充分的准备。实际上，一篇华尔街日报上的文章就计算了雷曼兄弟浪费了大约500亿美元去避免实行任何提前破产的计划；但是雷曼兄弟破产事件的金融顾问估计这个数字是750亿美元。[12]

雷曼兄弟破产

破产所产生的一些即时效应令人震惊。举例来说，在美国外，许多雷曼兄弟的分支机构因为申请破产这件事而变得不稳定，它们丢掉了迅速获得资金的渠道，这个渠道是通过纽约一个资金管理系统来进行清算的。但是这个伤害大部分是政府带来的，因为政府在释放出决定救助陷入困境的投行信息后却没有对雷曼兄弟伸出援手。

此外，尽管破产过程是在最坏的条件下开始的，但是它比任何人所想的要更加流畅和迅速。当一个公司按照《破产法》第11章破产的话，这个经理可以继续运行这个公司，并且很多债权人必须遵守自动中止条款——此条款要求债权人停止去收集他们被拖欠的款项，为的是给公司一点喘息的空间去处理经济问题（有一个主要的群体不需要遵守自动中止条款，那就是衍生工具债权人——交易对手与债务人订立合同以进入衍生工具市场）。雷曼兄弟和它的律师们——Harvey Miller 和 Weil, Gotshal&Manges——非常有效地利用了这个过程。

申请破产三天后，雷曼兄弟将北美投资银行业务卖给了巴克莱银行，这笔买卖在一个漫长的听证会后很快被法院给批准了。巴克莱提供4亿5千万美元的贷款资助雷曼兄弟继续运营因而圆满完成这笔交易。一般来说，这种贷款协议会要求雷曼兄弟安排一个专业的、考虑周全的经理来运营公司。它在欧洲、中东和亚洲的经营业务被日本一个大经纪公司野村证券所购买。直到9月29日，雷曼兄弟同意将它的投资管理业务卖给两个私募股权投资公司。[13]

雷曼兄弟的破产表明了目前《破产法》第11章实施过程中的很多关

键特征。首先，它表明了法律可以使得本来在破产外会变得烦琐的收购过程在破产范围内变得更加方便。巴克莱银行在雷曼兄弟申请破产前就表示出对收购雷曼的兴趣，但是它将不会在政府不给予任何实质性帮助的情况下去收购雷曼。在雷曼兄弟破产后，巴克莱银行愿意去购买它们认为最有价值的资产，并且为了让雷曼兄弟保持流动性而提供资金。第二个特征是收购能够更加快速的完成。很多评论家认为按《破产法》第11 章去解决困境是一个不合适的方式，因为这个过程缓慢成本又昂贵。雷曼兄弟的案例显示出了完全相反的一面：面对极端的时间压力，购买者出现后雷曼兄弟迅速将自己可以存活的附属机构卖出，批准它们在不同的所有权下仍然持续经营。

另一些评论家表现出相反的关注点：破产导致了资产的立即抛售。在破产中对于贵重的资产以一个低迷的价格减价出售，不利于债权人的利益，并且很可能导致其他持有相同资产的公司出问题。这一点也就是决定对美国国际集团救助的重要动机。无论对美国国际集团救助猜测的准确与否，反对减价出售的理由不是担心是否救助雷曼兄弟而是转向担心破产会被延迟。直到 2009 年中期，雷曼兄弟继续持有一个重要的资产投资组合，包括贷款的投资组合、房地产和私人股权投资。公司在破产中获得优先融资权使得它有足够的时间去处理这些资产，并且有时可以以价值最大化来定价而不是以急需流动性来定价。

考虑到雷曼兄弟提交原始的破产申请书那时乱哄哄的市场环境，破产是一种灾难这种观点也许可以被理解。但是实际上，破产的作用很好。正如我们在《破产法》第 9 章看到的，如果破产规则能够在几个方面进行调整的话它的作用将会更好。

不一样的贝尔斯登

比起雷曼兄弟的申请破产这件事，危机中真正的中心关注点是监管层 2008 年 3 月决定救助贝尔斯登。正是这个决定为接下来的暴风骤雨奠定了基础。去理解救助贝尔斯登为什么会形成接下来的恐慌就是问这样一个简单的问题：如果监管层没有救助贝尔斯登，那么这个危机的展开方式是不是就会不同呢？

正如雷曼兄弟一样，贝尔斯登的传说在那些充满危机的日子展开。在市场对贝尔斯登失去信心并且它的 180 亿美元的现金储备在 2008 年 3 月早期消失后，贝尔斯登的首席执行官阿伦·施瓦茨（Alan Schwartz）打电话给蒂莫西·盖特纳（当时的纽约联邦储备银行的行长）。盖特纳以及当时的财政部长亨利·保尔森，还有本·伯南克将贝尔斯登投入一个更加健康的银行摩根大通的怀抱。这笔交易的建立使得贝尔斯登的债权人的利益完全得到保护。贝尔斯登的股东斩仓割肉，并且政府还对贝尔斯登问题最大的资产进行了 290 亿美元的担保。[14]

如果监管者没有决定救助贝尔斯登，那么它的违约将会给市场带来很明显的压力。监管者特别担心投资银行赖以生存的被称为再回购协议贷款的超短期贷款的违约。一个再回购协议贷款是指借入者卖出证券给借出者，并且借入者承诺以后会将该证券买回来，通常指的是第二天。如果在这个以前很安全的信贷市场上产生一个重大违约事件，这个市场很有可能就此冻结，或者大量的未被偿付的再回购协议的借出者将得不到全部支付或者是破产。

如果贝尔斯登没有被救助的话，这将产生很多不良后果，但是这连锁反应崩溃的风险——也被称为传染效应或者系统风险——似乎被夸大了。贝尔斯登的债权人本该遭受损失，而股东则本该被清除了。但是这一剂救助的猛药将给管理者、债权人和股东一个非常明确的信号：注意你的钱借给了谁，并且注意公司的一举一动，不然的话你就会遭受损失。用更专业的术语来说，贝尔斯登的破产本可以消除道德风险——如果你可以逃避这种坏的结果的话，你将会倾向于不采取任何预防措施。

这也迫使雷曼兄弟的理查德·福尔德和美国国际集团的高管一样，开始考虑他们的公司陷入困境暗示了什么。对破产的预期让他们关于如何回应金融危机持有不同的观点。无论如何，他们至少应该将他们的委托买卖安排得井井有条，并且为他们的业务更早更认真地寻找买家。

人人都说，保尔森、盖特纳和伯南克从来没有认真地考虑过要撒手不管贝尔斯登让其申请破产。为什么会这样？一个原因是，仅系统风险的谣传就能够使金融监管层心跳不已。如果监管层执行了错误的救助，那么结果是收效甚微。但是如果他们放弃了救助，这个机构的违约将会影响其他金融机构，他们将面临市场范围的崩溃和永恒的谴责。考虑到这么大的赌注，监管者对系统风险的可能性定期高估。

这些特殊的监管者比大多数人对于救助这件事感到更焦虑。正如人们所希望的那样，高盛的前高管保尔森是问题的解决者和交易缔造者。他的本能是制造交易并且使之进行下去（的确，一篇很有意思的学术文章里把 2008 年的干预称为"政府交易"）。盖特纳在处理财政部国际事务方面还是个新手，而这种事务在克林顿政府执政时劳伦斯·萨默斯是作为重点对待的。20 世纪 90 年代我们可以看到两大关键危机似乎铸就了盖特纳永久的本能：1994 年和 1995 年的墨西哥货币危机，1998 年部分由著名经济学家运行的巨型对冲基金长期资本管理公司的崩盘。那个时代和监管者都选择去救助（在长期资本管理公司事件中由私人银行建立起来的资金资助），并且他们都被广泛地认为成功了。众所周知，伯南克在被美联储任命之前是普林斯顿大学研究经济萧条的学者。他所犯下的错误再也不会被重复，这个错误是在危机时刻政府花钱太吝啬，正如萧条时期的美联储所作所为。[15]

最后一个原因是三个人当中没有谁有任何处理破产的经验，也没有人在美联储或者是财政部有着深厚的破产知识。具有讽刺意味的是，决定救助贝尔斯登的理由就是 20 世纪 80 年代和 90 年代成功地将衍生品独立于破产过程的原因——这是我早先在本章所提及的并会在第九章进行回顾的一个特殊的处理方式。这就使得银行管理者学不到多少关于破产运作的知识。

对于破产的预期将会阻止过度的风险活动，鼓励债权人进行监督；如果事态继续不明朗，那么这就会使经理去制定一个有序的破产计划。但是在 2008 年的夏天，这些都没有发生，因为监管层决定救助贝尔斯登。

克莱斯勒之路

当然，之前我们所讨论的事件都是发生在布什政府监管时期。然而，即使在奥巴马就职前，我们仍然有理由去相信政府将会持续并且甚至扩大现有管理思路。盖特纳在奥巴马执政下任职财政部长，2008 年大恐慌的时候奥巴马确信财政政策能够被最热情鼓吹救助的人们所影响。在 2009 年的前几个月，任何有关对临时救助的承诺的怀疑都烟消云散，因为在那时新政府已经作出了救助克莱斯勒和通用汽车的决定。

克莱斯勒和通用汽车的救助一开始就被合法地怀疑。在 2009 年开始实施为银行业筹集 7 000 亿美元不良资产救助计划立法，当时的财政部长保尔森确保法律制定者相信他并不会用任何不良资产救助计划的钱去资助汽车制造商。随着国会表现出对救助汽车行业没有一点兴趣，他很快就改变了方针。"不良资产救助计划是针对金融系统的，"他在 11 月 18 日告诉国会，"从汽车方面来说，我不认为这是一件好事。"保尔森和布什政府在 2008 年后期给汽车制造商注入总数达到 170 亿美元的资金，为的是让它们能够在接下来的一年里正常运作。[16]

通过其条款可以看到，不良资产救助计划只允许为"金融机构"筹集资金，从门外汉的眼里看来汽车公司必然不属于金融机构。这个定义是否足够扩展到汽车行业筹集资金的问题，此观点后来被印第安的养老基金提出来，在那时候，它们尝试着挑战克莱斯勒破产，但是问题并没有解决。破产法庭总结出养老基金并不是一个提出这种问题的适合的当事人，并且这个申诉由于最高法院没有下定论而被撤销。[17]

在总统奥巴马任职后，他将与通用汽车和克莱斯勒的协商交给一个新的汽车特别工作组，这个小组里包含了 14 名成员，其中有财政部长盖特纳，国家经济委员会董事长劳伦斯·萨默斯，汽车行业代表人 Ron Bloom，汽车行业和民主党派基金创始人 Steve Rattner，还有其他 10 名成员。Bloom 和 Rattner 指导大部分的日常工作（尽管 Rattner 对于他的角色作用说得更多，但是之前我提到的顾问却认为 Bloom 才是真正的驱动力量）。[18]

依据多数记载，有关于特别工作组是否应该对于早期的救助融资减少一倍资金（特别是关于克莱斯勒）或者是切断将来的救助金有着激烈的争论。但是令人惊讶的是，管理层决定对这两个公司都进行救助，因此从政治上考虑至少可以暂时保存一个重要的行业。他们的策略已经非常激进了，并且尝试着去劝说克莱斯勒的债权人去同意一个非银行破产的解决办法。但是如果债权人不同意政府的条件，管理层将会使用所谓的快速破产方式去满足他们的需求。当资深的克莱斯勒债权人不同意做到他们所能作出的让步的时候，政府就会伪装进行破产变卖去决定他们到底能获得些什么。

克莱斯勒的破产

奥巴马政府解决克莱斯勒困境的计策是按照《破产法》第 11 章申请破产，但是却影响了克莱斯勒资产的销售。在形式上，这个变卖和雷曼兄弟破产一开始的变卖很相似。但是事实上，并不存在一个真实的第三方购买者。Fiat（菲亚特）经常被称为"买者"，但是菲亚特实际上并没有提供任何资金。这些资产被卖给一个被非正式的称为新克莱斯勒的壳公司，并且菲亚特将收到一大部分它们的股票——起初是 20%，最后可能增长到 50%——作为同意使其技术和设施提供给新克莱斯勒的报酬。

美国和加拿大政府将会为这笔假定的交易进行融资，这将包括支付给老克莱斯勒的 20 亿美元，其中老克莱斯勒的资产仅剩下分给新克莱斯勒有价值的资产后的残余部分，还包括对优良资产支付的 20 亿美元。这 20 亿美元将会归于克莱斯勒的资深的借出人，他们在破产的时候拥有公司初始所有资产的保障权益。这使得他们将获得大约 69 亿美元中的 29%。[19]

与菲亚特达成的交易条款包含了救助中统合主义倾向的特点。正如最初的冒险那样，政府给了菲亚特新克莱斯勒 20% 的股票，此外，如果菲亚特能够使得克莱斯勒在美国开发一种新的省油（至少 40 英里每加仑）的汽车的话，它的股权将被增加到 35%。政府因此将奥巴马的能源政策加入救助条款中。

这种交易也被看成是挑选优秀债权人。一般地，资深债权人将会在其他别的债权人得到支付前被全额支付。然而，克莱斯勒的资深债权人每美元只收到 29 美分的支付，尽管其他的优先级别低的债权人收到的更少。在这个"卖出"协议的条款下，新克莱斯勒承诺给工会退休人员 46 亿美元，并且为了感谢克莱斯勒履行义务支付了 100 亿美元，新克莱斯勒用新公司 55% 的股票作为报答。这个协议也使得债权人的 53 亿美元的普通贸易债务可以被全额支付。相反，克莱斯勒将来产品责任的索赔人——使用克莱斯勒车失灵的受害者——并不会那么幸运。他们将得不到任何偿付。

这是新的激进的救助方法。随着贝尔斯登、美国国际集团，以及别的传统救助实施后，政府对于大部分甚至是全部的债权人进行了全额支付。政府并不会尝试着在这些债权人中选择一些人进行偿付同时舍弃另一些债权人。但是对于克莱斯勒，政府对它进行了资助，与此同时，政府作了一些特殊的决定，比如决定哪些债权人应该受到保护或者是应该受到多大程度的保护。这种方式好像是遵守事先安排好的优先规则并且完完全全放弃了普通破产过程中应遵守的法律法规。

正如我到目前为止所说的同时受到评论家们强烈谴责的交易，克莱斯勒的"买卖"似乎是公开地漠视美国《破产法》的要求。事实确实是这样，但是比起所描述的情形，克莱斯勒所做的要隐蔽得多。克莱斯勒的情况与贝尔斯登当时的情形不同，贝尔斯登是由不太了解破产的监管层监管并且一直没收到过破产建议直到最后关头，而克莱斯勒的情况是，在汽车特别工作组决定让克莱斯勒破产的前几个星期，国内最著名的几个破产律师就建议其实施破产。他们的建议在某种程度上是明智的但同时也是激进的。

理论上来说，实行破产也许是合情合理的。如果克莱斯勒资产卖给新克莱斯勒的资产真正的只值 20 亿美元，并且这 20 亿美元应该归资深的借出人和别的有资格的克莱斯勒的债权人。那么，这个推理是可以成立的，工会和贸易债权人可以比我们所能想象的做得更好，但是这个与他们和老克莱斯勒并没有任何牵连关系。对于工会和贸易债权人的支付并不是由原公司决定的；这是由已经光明正大地买了原公司资产的新公司来决定的。新公司也许看起来和旧公司很像（有相同的工厂，相同的车，相同的工会），但是它们确实是不同的公司。如果它需要对旧公司部分债权人进行偿付，那么这就是新公司的业务。旧克莱斯勒公司值 20 亿美元，换句话来说，这些钱会适当地被分布给资深的借出人。工会和贸易债权人将得不到任何一分钱，所以优先权会适当地受到重视。

在这个过程中产生的问题：由新公司支付给工会和贸易债权人的钱

并不完全单一地取决于已经获得旧公司有价值财产新公司的决定。这种支付在买卖合同中就有明确的合同条款规定。政府对此进行监督。[20]

但是关于 20 亿美元是否真的足够购买克莱斯勒的资产存在着更多的异议。当一个公司在破产的时候提出卖掉全部或者大部分的资产，而不是讨论通过传统重组形式来渡过难关的时候，法院一般坚持用一种健康的拍卖方式让任何感兴趣的买家出价来决定最后的购买者。法院也会寻找其他的保护手段来确保这个交易的价格，对于公司债权人的利益来说是公平的。相反，政府认为关于克莱斯勒真正的拍卖是不可能发生的。[21]

克莱斯勒拍卖与健康的拍卖方式相差太远以至于人们无法想象。为了参加这个拍卖，买者需要提供"合格的投标"。什么样才算合格的投标呢？一出价就向政府价格看齐，并且对受青睐的选区去做任何政府希望他们所做的事。如果这个出价不能保证给工会雇员相同的退休基金——46 亿美元的票据，55% 的股权——而且如果他并没有承诺去全额支付 53 亿美元的贸易债务，他就不能算是一个合格的投标。举个例子，这意味着一个支付了 25 亿美元现金去购买克莱斯勒制造吉普车部门的出价者并不能被视为提供了一个合格的投标。这个投标是不被允许的。

当一个债权人持反对意见的时候，那么有关破产的决定确实会促使克莱斯勒和政府作出小小的让步。如果一个出价人呈交了一个非合格投标，债务人将会在决定是否接受这个投标之前同各方当事人协商。债务人会和哪一方当事人协商呢？并不仅仅是其他债权人，也包括美国财政部和工会雇员。注意到在这个决定是在这样一种情况下协商进行的：政府、劳工和汽车制造商共同决定一个出价者是否被考虑。任何没有考虑政府、克莱斯勒和劳工三者之间关系的出价将显然被排除在外。[22]

除了想要有一个成功的拍卖但却失败了之外，克莱斯勒的交易算不算一个买卖也是个严重的问题。克莱斯勒大部分的义务都被新公司延续下去并且保证有实质或者全额的支付。按照任何有理由的解释，这个交易就是公司重组，并且这个重组是在《破产法》第 11 章下按照正常过程进行的重组——此过程对于公司的债权人来说要比事情发生时进行买卖提供了更多的保护，它需要的仅仅是批准破产决定。

通用汽车"买卖"

尽管通用汽车是一个更加重要的公司，它的破产救助却没有受到很大的关注。其中一个原因是通用汽车和政府避免了很多克莱斯勒交易中出现的带有争议的问题。与对资深债权人迟迟不支付的克莱斯勒不同，通用汽车承诺对资深债权人进行全额支付（就这一点而言，这也没有动摇通用汽车60亿美元的早期债务比克莱斯勒少的事实）。通用汽车也同意去支付一些其他的侵权索赔，而不是像克莱斯勒那样令人吃惊地将其他的索赔全部放弃。

然而，通用公司的交易不能算是法律法规里的一个模范。在很多方面，它甚至比克莱斯勒更让人质疑。与克莱斯勒不同，克莱斯勒至少对真实的买者提供了一个真实交易的借口（正如我们所看见的，尽管这个买者菲亚特并没有支付任何钱），通用公司并没有引进任何外部买者。这所谓的买卖纯粹是自我销售。为了确保没有让人头疼的出价者在拍卖会上出现，法院同意指定一个合格的投标规定。在通用汽车案例中，这个规定比克莱斯勒案例中的规定还要严格，因为这些出价并没有像政府出价一样给予受青睐的选区同样的保护，因而会被排除掉，所以这个规定比克莱斯勒案例中的规定还要严格。[23]

我们很难去指责克莱斯勒和通用汽车案例中的破产决定。政府认为它们有着不可取代的地位。因为这个交易将会被认为是一种买卖而不是普通的按《破产法》第11章进行的重组，政府的唯一目标是救助汽车行业并且决定什么样的债权人才应该被支付。政府认为克莱斯勒和通用公司与其他破产案例并没有什么不同，除了是政府而不是私人公司提供了这个资金。但是这个案例根本就不普通。确实，它们在19世纪末期和20世纪早期拥有一个相似的虚假买卖的外表，这个虚假买卖外表下实质上是一种标准的公司重组。新政人物 William O. Douglas（高级法院的法官并且是罗斯福总统的好朋友和扑克伙伴）在20世纪30年代时通过对破产法进行改革，认为他们应该杜绝这些做法，这些做法是说他们被指责为以普通投资者为代价对内部人士进行照顾。然而另一个先进的管理层在 70 多年后再次引进了这个建议。[24]

从谜到真正立法

把整个金融危机用一章来描述，很明显我对于新的金融立法的起源提供了一个简单的解释。2007 年和 2008 年里发生了很多事情，这些事情被大量流传的书本作为研究对象描述得很详细，并且毫无疑问不能更详细了。

然而我坚信直接导致构建《多德—弗兰克法案》的事件是雷曼兄弟之谜。关键的当事人重复地声称并且好像也相信雷曼兄弟的破产是接下来灾难的起因。在这种观点下，大型金融机构陷入危机的时候监管者需要的是更多的干预工具。汽车制造商的破产又增加了一个新的干预手段。通过制定破产过程，政府能够区分处境类似的债权人，决定对谁进行支付而又对谁不进行支付。

正如 2009 年春天和夏天有关于立法的争议就没停止过，政府为形成新的综合所有特征的金融立法而努力——监管层有能力用特殊手段进行干预，并且对于决定给哪些债权人偿付这点上有较大弹性。在下一章，我们可以看见他们如何达到他们的目标。

第二部分

2010 年金融改革

第三章　盖特纳、多德、
弗兰克和曲折的立法过程

回想几十年前，在那个时代我们的童年游戏如同华盛顿政治一般混乱，在游戏中，一个小孩会抱着球冲过同伴的夹攻。他抓住球不放，我们剩下的人就会努力试图在他经过的时候夺下球。如果他能够一直都守住自己的球，那么他就赢了。

观望源于2009年初以来的金融改革法案的实施过程，这令我想起了童年的游戏。奥巴马政府的工作始于一个基本框架——将这想象成一个球——这个基本框架被广泛地认为是一个以银行为中心的议程，就是要在政府和大银行之间建立一个欧式合伙关系。财政部长盖特纳和他的助手们——将他们想象成那个小孩——顶着听证会的压力接受这项议程。到年底，一小部分的评论员会责备盖特纳而不是财政部，但是总统奥巴马对盖特纳和萨默斯等立法案幕后策划者，以及政府的基本管理办法的支持是从来不会动摇的。尽管行政管理手段会被迫在关键时刻进行一些调整，但是基本框架还是一直不变的。他们赢了，于是将他们对金融法案的改革遗留给了下一代。

在这一章，我们将回顾一下2010年《多德—弗兰克华尔街改革与消费者保护法案》形成过程中的迂回曲折。我又重温一下争议中的几个关键点——例如立法设计者们下定决心争取奥巴马总统对沃尔克规则的认同；还有证券交易委员会控诉高盛的决定——这使得立法案能否通过变得毫无疑问。这一章的主要目标不是为了对行政制度的主要原则进行历史回顾，而是为了告诉大家行政制度的形成的立法过程。这将为以后几章中深入分析立法案的关键组成部分提供必要的知识背景。

两位"游戏参与者"

　　行政部门内部的两位立法案设计者是财政部长蒂莫西·盖特纳和劳伦斯·萨默斯。盖特纳作为金融改革公共发言人，因此成为主要的角色，他的出现是法案开始进入成熟阶段的一个象征。在克林顿政府时期，萨默斯是财政部长，而盖特纳是萨默斯的一个关键下属（在这之前，是前任财政部长罗伯特·鲁宾的关键下属），那时盖特纳在国际事务部门供职。但是如果说这两个人中有一个是当今政府的高级合伙人，那非盖特纳莫属了。

　　在财政部的工作生涯之后，盖特纳到对外关系委员会任职，之后又到国际货币基金组织中担任一个高层职位。在 2003 年，他被任命为位于纽约的美联储的主席，这个职位将他推到了 2008 年金融危机的漩涡中。在盖特纳任期内的两个关键事件被认为给他留下了难以磨灭的印象：1994 年到 1995 年的墨西哥货币危机，当时墨西哥拖欠了大量的债务；还有 1998 年规模庞大的长期资本管理避险基金的瓦解。在每个事件中，监管者都会选择一个紧急救助措施（由私人银行在长期资本管理基金案例中建立），这两项政府救助被普遍视为是成功的干预。墨西哥危机已经过去了，而且也没有什么证据可以表明长期资本管理基金的瓦解对市场造成了持续的影响，尽管两次都被认为是导致了后来危机的因素。盖特纳从中的收获是当一个大组织或者国家陷入危机时，政府救助是最好的对策。据大家所说，他很努力地推进贝尔斯登的政府援助工作，他带动了对灾难性的美国国际集团（AIG）的援救。在一个尖锐的头版故事中，突出描述了盖特纳和大银行之间的和谐关系，以及他被视为"援助国王"的名誉。纽约时报怀疑性地报道了他甚至在 2008 年夏天"提议国会给予总统广泛的权力去担保银行系统中的所有债务"。[1]

　　布什政府执政期间，由于考虑到盖特纳在金融危机期间作出的贡献，尤其是在 AIG 的 1 820 亿美元援助事件中所发挥的作用，他看起来不太可能会在奥巴马政府时期担任高层职务。但是他在民主党政府执政时期丰富的财政相关工作经验，以及奥巴马总统也希望能够继续应对金融危机的后续影响使美国经济走出萧条，这两点对他非常有利。最重要的是，这两点很快结合在一起，部分原因无疑是因为这两点能够共同满足政府在应对危机过程中的需要。

萨默斯是沉潜几年之后才进入白宫的。他在一次学术会议上发表评论，认为科学家应该从遗传学角度来研究男性比女性更具科研能力的可能性，据此一年后他被迫请辞了哈佛大学校长一职。大部分人都认为他作为公共人物的生涯已经结束。但是他在金融危机期间又重新开始在《金融时报》上撰写专栏——自由主义经济学家和权威评论专家保罗·克鲁格曼（Paul Krugman）称之为"必读"。不久后他开始向奥巴马阵营提建议，尽管此时萨默斯可能还没被确定会担任财政部长，但是奥巴马总统任命他担任国家经济委员会主席，这个职位不需要议会的批准。

盖特纳和萨默斯两人作为政府治理经济的主力，也是提议构建行政改革基本框架的人。盖特纳是最合适也是最富有经验与各大主导金融市场的银行首席执行官进行后台谈判的人。正如之前所述，他们两个人都出自美国经济思维的统合主义一边。尽管奥巴马总统深思熟虑地集合了其他领域相互竞争的顾问——这个战略受启发于罗斯福总统和林肯总统——没有高层提倡大型金融机构缩减规模以促进竞争。据说，甚至是消费者金融保护局事实上的领导者伊丽莎白·沃伦（Elizabeth Warren）也在法务讨论上告诉助手，在经济问题上"奥巴马唯一会听从意见的人"是盖特纳和萨默斯。

在国会，金融改革的关键人物是众议院金融服务委员会的众议员巴尼·弗兰克（Barney Frank）和参议院银行委员会的参议员克里斯托弗·多德（Christopher Dodd）。在2010年初，面对一次艰难的再次竞选，多德宣布他将在该年末从参议员的位置上退休。一些人推测这将加大他对华尔街银行的兴趣，因为退休可能会使人们最终发现他将为华尔街银行工作或者游说，然而其他人预测为了募集华尔街贡献带来的自由将会使他退休的决定更加坚定。但是最大的影响看起来似乎已经将多德在立法中的个人重要性放大化了，被作为了一种遗产。弗兰克可能已经更加倾向于一个备选立场——例如，他已经是对部分废除《格拉斯—斯蒂格尔法案》的最大批判者——但是他也为一个主要的金融改革的是否能通过而担忧。尽管弗兰克反复请求对最大的金融机构及时进行限制，但是他和多德都仍然跟随政府行事。

TARP 和房地产危机

在 2009 年 2 月 10 日，也就是盖特纳推出第一版金融改革法案的一个月前，他利用这个平台对有关金融危机发表了一个备受关注的演讲，表达了个人意见并且部分代表了政府的反应。回顾过去，这次演讲本身以及其所宣布的初始方案同时预兆了政府对金融改革的基本构想——以及什么将不会被考虑到。

这次演讲本身就是一个灾难。《纽约时报》报道称"银行和金融服务公司的游说协会称赞盖特纳先生的计划是大胆而且富有远见的"。相反，投资者们"被限制得更多。股票市场几乎在盖特纳先生开始演讲时就开始下跌，截止到下午一点半，道琼斯工业平均指数就下跌了大约 350 点或超过 4%"。人们的抱怨很含糊："分析人士和私人投资者们说他们对这项计划的前景并没有足够的了解，也就无法对形势作出一个判断。"[2]

尽管评论普遍不看好，但是其中的一项初始方案——债务压力测试——已经被证实取得了显著的成功。在不久后的春天，结果被正式宣布，这项压力测试证实现存 19 个最大的银行中有 10 家银行总共需要 750 亿美元的资金来支撑它们的资本运行，但是得出的结论是这些银行基本上都是正常的。令许多人感到很意外，人们普遍质疑这项压力测试是假的（例如，在《周六夜生活》短剧中盖特纳角色滑稽地宣布他决定放弃过去那种"通过——不通过"的评分系统，将它改为"通过——通过"），这项压力测试向市场和市场参与者们再次保证银行系统已经脱离了危险期，至少暂时地脱离了危险期。问题资产救助项目（TARP）基金在 2008 年底向银行重新注入资本，2009 年的债务压力测试现在被视为是稳定银行的步骤之一。[3]

政府的房地产救助方案——住房可偿付调整计划（HAMP）——相比之下已经被证实效果微之甚微。布什政府制定的这项对房屋拥有者帮助有限的修订改变了他们的抵押贷款，住房可偿付可调整计划承诺为那些愿意修改住房拥有者抵押贷款的房贷服务机构提供相关费用。然而，资格审核标准受到了一系列的限制，而且银行还是继续在抵制重大的变更。如 2010 年夏天，只有 340 000 笔贷款在这个 500 亿美元的项目下执行了永久性的变更。

银行的压力测试系统和早期的资本注入在应对危机余波的过程中都是比较保守的措施，而《多德—弗兰克法案》的建立则为将来建立了一套新的规则框架。但是资本注入和压力测试的运用对于更好地理解这项新法案是非常重要的。首先要区别应对金融机构所采取的行业策略和特设策略。资本注入和债主压力测试是从全行业的维度去应对危机的。相比之下，作为新法案的核心而制定的那些解决规则，如救助贝尔斯登和美国国际集团，都是为了应对金融危机而为特定企业特设的措施。如我们将在第八章看到的那样，这两种不同的环境下采取的最佳策略是不同的。最重要的是，在金融危机中行业所需要的援助措施对个别企业来说是不一定有效的。正如对金融改革初始阶段的那些争论一样，盖特纳更有可能会根据情况交替使用这两种不同的措施。

房地产项目的教训包括将破产视为应对危机的一个方式。在房地产危机的初始阶段，很明显救助住房拥有者最有效的策略可能就是修改部分破产规则。在当今法律体制下，申请破产的住房拥有者不能降低他们对财产现值的抵押额。不像其他贷款，抵押贷款不能在破产中进行变更。改变这项规定而将抵押贷款视为其他贷款一样处理，这将会更易于住房拥有者们变更自己的住房抵押贷款。尽管银行机构在布什政府期间没有执行这项修订，但奥巴马政府普遍期望能够继续坚持执行这项修订。然而事实并非如此。导致这项修订实施失败的原因主要有两个，一个是大型银行的阻碍，另一个原因是人们对基于破产的改革的厌恶和规避。[4]

促成东厅签署的渠道

最终形成的《多德—弗兰克法案》的初始样版是由财政部在 2009 年 3 月对外正式发布的，恰巧赶在伦敦的重要会议 G20 峰会召开之前发布。命名为《监管渠道相关条例》的提案主要确定了四个重要区域：定位系统风险、保护消费者和投资者、消除监管盲点、促进国际间合作。几乎所有具体提议都将关注点放在了第一点上，即定位系统风险。这个提案要求针对那些具有系统重要性的大型金融公司，如花旗集团和美国国际集团，对它们采取一系列的专门监管。尽管财政部还没有决定由美联储还是其他监管机构来执行这项工作，但是根据这项提案，这些机构应该必须由一个单一且独立的监管者进行专门监管；他们应该被要求加强资本充足率；而且国会应该制定一个特殊的解决框架，以使监管者有权对那些处于困境但是具有系统重要性的机构进行干预和接管。这项提案还要求对场外衍生品市场制定综合性新管理规章，还要求对避险基金实行注册登记。[5]

初始提案中最具进步性的一点是新解决规则的制定。这项提案中提议的相关规则将会赋予财政部门一定权力，使其有权在具有系统重要性的金融机构和非金融机构遭遇金融危机时进行干预，使其有权委派联邦存款保险公司对这些机构进行重组和清算。这些规则还赋予银行监管者不论在联邦存款保险公司介入之前还是之后都有权对问题公司提供资金援助。这项提案产生的总体影响将会从联邦存款保险公司授权处理的那些问题银行扩大到这些银行的持股公司和其他的金融机构。

通过对解决规则和总体框架的解读，可以看出它们似乎是由蒂莫西·盖特纳和他曾经作为纽约联邦储备银行领导时共事过的大银行们一起磋商制定出来。盖特纳将得到所有的权力，包括那些他和前任财政部长亨利·保尔森曾希望他们在介入贝尔斯登、雷曼兄弟和美国国际集团时能够拥有的权力。但是这项框架还是没有过度地引起那些大型金融机构的不满。正如评论员 MIT 的专家西蒙·约翰逊（Simon Johnson）和获诺贝尔奖的经济学家约瑟夫·斯蒂格利茨（Joseph Stiglitz）所提倡的那样，不需要将这些机构解散。尽管具有系统重要性这一身份可能就意味着要接受更加严格的监管，这也同样会给市场的正常运转带来好处。这些机构相比那些较小的竞争者更容易以较低的利率获得贷款，因为贷款人可能会认为这些机构在危机来临时会受到政府的保护，如贝尔斯登和美国国际集团的债权人所想一样。

有些人对此还是存在一些疑问，认为这项法案可能会有点太过于迎合那些大银行，正如 Davis，Polk 和 Wardwell 在《纽约时报》报道中所说的那样，这项法案"代表着许多银行和金融行业游说组织的律师事务所"，而且盖特纳代表纽约联邦储备银行已经被聘请对美国国际集团实施紧急援助，这些都已经在早期起草的法案中深刻地体现出来。财政部已经通过 Davis Polk 完成了最初的书面草案，而且当财政部将此项法案递交国会的时候甚至上面还有法律事务所的名字，因为财政部递交之前忘记删除一个电脑水印。[6]

在 2009 年 6 月，也就是财政部提交法案三个月后，奥巴马政府正式对外发布了完整的终版法案，包含了最终形成《多德—弗兰克法案》所需的所有主要组成部分。如财政部白皮书中概述的那样，政府提议由美联储对那些具有系统重要性的金融机构负有主要监管职责，而且国会建议一个由主要金融监管者组成的监管委员会负责监视系统性风险。对于有系统重要性的公司——"一级金融持股公司"，财政部制定其他监管办法，像较早提案中包含的那些：设定较高的资本充足率和新的特别决议制度。

白皮书带来的最大惊喜是一项关于建立消费者金融保护局的新提议。对于设立这个部门的构想是由哈佛大学法学教授兼资产救助项目监管委员会领导伊丽莎白·沃伦（Elizabeth Warren）在 2007 年的一篇文章中提出的，在这篇名为《无论如何都不安全》的文章中，她有意识地将自己与 19 世纪 70 年代的 Ralph Nader 改革运动联系起来，然后在一年后又合著了一篇更加详细的文章。沃伦承认现有的监管者已经有足够的权力可以保护消费者的利益，但是她也论述了现有监管者的监管还不够。更重要的是，作为主要监管者的美联储在保护消费者方面存在着很大的矛盾：美联储的主要忧虑是银行系统的安全和稳定；而促进银行的利润和健康，在事实上（例如较高的信用卡费用和欺骗性抵押贷款）与保护消费者利益是相互违背的。[7]

这样一个甚至在之前草案中都没有提到过的新部门如何突然就成为政府提议法案中的关键支柱部分了？并不是因为蒂莫西·盖特纳对保护消费者富有激情。实际上是，他和沃伦在资产救助项目监管委员会之前几个月的听证会上屡次意见不合。神奇的转变似乎发生在 2009 年 4 月沃伦和劳伦斯·萨默斯在华盛顿一家印度饭店漫长的共餐过程中。萨默斯没有作出任何承诺，但是沃伦离开会议的举措更加确定了他是赞成这项法案的，而且实际上他也确实如此。[8]

在法案中添加上消费者保护局的提议给这场辩论带来了相互交错的影响。从积极的方面来看，这项提议激励了政府的自由派支持者，他们相信拟议中的改革方案在华尔街能够轻而易举的实现。从消极的方面来看，这项提议加剧了政府说服共和党和民主党温和派对这项法案投赞成票的难度。令人很难预测的是该项建立消费者保护局的提议是否会如很多人所认为的那样最终被放弃（Travis Plunkett，美国消费者联盟的立法主任，也是建立消费者保护局的主要提倡者，2010 年 6 月，他因为过于担心这项提议会被阻挠或者被取消而紧张地关注着参议员大楼，在走廊上徘徊直到早上四点参议院民主党最终敲定这项议案）。[9]

尽管许多关键的改革议案并没有过多的争议——包括一些深远的变革，如要求衍生品在交易所交易和清算——法案的支持者将在数月内面临双重挑战。首先，其中一直持续存在的主张是认为这项决议制度将会使 2008 年金融危机时所采取的救援制度化和扩大化。这会使监管者拥有更多的工具去援助下一个陷入危机摇摇欲坠的庞大金融机构，而且通过对一些公司贴上系统重要性的标签，这实际上是增加了那些太大而不能倒闭的公司数量。其次，抱怨这项议案不论是通过拆分它们，还是通过限制它们对衍生品和其他风险资产的投机行为，都没能有效控制最大的华尔街银行。

政府的解决框架中另一个明显的备选方案就是通过使其破产的方法来操控那些大型非银行金融机构。在众议院司法委员会之前的听证会上，雷曼和通用事件中的首席辩护律师哈维·米勒（Harvey Miller）大力提倡这个备选方案。尽管米勒被安排单独作证，但众议院司法委员会还是邀请他协助两个先作证的政府监管者为这个基于破产的备选方案进行辩护。米勒辩论说提议的解决规则既复杂又没有必要性，而破产相比之下是一个不二之选——尤其是如果能修订法律来消除对衍生品的特殊处置（我们将会在第九章进行讨论）。正如他在自己的书面证词中所写的"没有原理能够说明为什么已有的破产法和破产法院并不能有效地援助……应对金融危机"。米勒得到了众议员 John Conyers Jr. 和其他一些委员会成员的称赞，而且他的书面证词在随后的几个月里广泛流传。[10]

包括对机构援助这样的解决框架遭到多次反对攻击后，政府也不得不对框架进行必要的调整，以使其看起来似乎更像破产。2009 年 12 月获得众议院通过的弗兰克法案和次年 3 月份获得参议院通过的多德法案，其中的解决规则都明确了监管者有权决定在企业破产后对债权人进行优先偿付，而且这其中还制定了许多其他的破产规则。[11]

尽管解决规则中已经加入了许多类破产的特征，但它们仍然不同于破产时以代理为中心的解决方案。联邦存款保险公司拥有非常广泛的权利，其在制定决策的过程中并不是非常透明，也不需要经过严格的司法审查。既然那么敌视和反对援助，那么立法者为什么不将他们的注意力转移到破产上呢？为什么第 11 章并不是一个竞争者呢？

对于那些读过这本书前面章节的人来说，他们可能立即会产生两种答案：雷曼之谜似乎反映出破产方案存在问题，还有财政部门非常偏好监管救援，强烈厌恶破产。当然，一般情况下这两点都成立。盖特纳和他的助手们反复强调他们利用雷曼事件加强了政府监管力度。在之前所说的听证会上，现任财政部部长助理 Michael Barr 借雷曼公司的事件，声称"雷曼的倒闭愈演愈烈，正如我今天所说的一样，《破产法》下现有的选择措施有时候还是不够用"。[12]

然而，尽管这些因素可以解释为什么政府那么抵制破产，但是这些因素并没有告诉我们国会为什么没有很认真地采取破产这个措施。在民主党和共和党之间，几乎所有我所了解的情形中，他们都更愿意将破产作为一种替代方案。尽管立法者的普遍意愿是考虑这一方案，而且民主党派领导层也并没有怎样反对白宫的决定，所以这都不是破产方案未被采纳的主要原因。真正的原因要更深刻更现实：委员会管辖权。

令人完全不可思议的是不论众议员弗兰克和参议员多德或者是他们的委员会都将放弃对改革进程的控制权。如果改革提案的确包含了破产这一措施，那么他们被迫也只能这样执行——这意味着，他们将对改革失去把握。破产立法是司法委员会的特权，而金融改革权属于参议院银行委员会和众议院金融服务委员会。正如这场争论中的一个关键人物的高级助手写给我以及其他一些人的邮件中所说的那样："我们强烈认为破产能够在大多数金融机构中执行，但是也面临着艰巨的挑战……有关司法部和银行系统的管辖权问题。"[13]

随着关于破产的争论被人们抛诸脑后，关于紧急援助的抱怨声又愈演愈烈，政府和参议员多德采取额外的措施使这些解决规则不至于看起来像一个紧急援助的方案框架。不像之前的财政白皮书，监管机构不能对那些根据解决规则施行接管的金融机构进行改组，能做的仅仅是清算。政府和参议员多德也补充了一些条款，这些条款增加了银行业和金融服务业的任何新决议的成本——而不是纳税人。而且正当共和党派坚决认为 500 亿美元专项用于决议的资金其实就是一项救助基金时，这项基金被挪用了。最后，关于这项提案框架是否会像共和党派声称的那样鼓励紧急救助，或者会像民主党派断言的那样阻碍紧急救助，这些争论变得有些滑稽了。参议员 Barbara Boxer，一个来自加利福尼亚的民主党人士，他提议一个修正案：除了清算，监管者绝不能对解决规则下那些陷入困境的金融结构采取任何其他形式的措施。这项修正案被苛责为是多余的，但还是以压倒性优势得到了批准。

与 Brandeis 沟通的结果：沃尔克规则

除了紧急救助之外，针对美联储应该得到多少授权又展开了一番辩论，另一部分辩论的焦点主要是针对立法并没有采取什么有效的措施控制住华尔街大银行。很显然，尤其是对民主党政府来说，将它自己定位为"罗斯福政府"，在这个政府内部没有人提倡限制或者解散大银行。

在罗斯福政府由顶级顾问组成的智囊团中，提倡在政府和大型机构之间建立合作关系的顾问与那些希望能够解散大型机构以确保各个行业竞争活力的顾问展开了主宰权的争夺之战。同为哥伦比亚大学教授的 Rex Tugwell 和 Adolph Berle 都大力赞成在政府和大型机构之间建立合作关系，而身为波士顿律师且后来成为最高法院法官的 Louis Brandeis 则大力提倡解散所谓的货币信托——主导美国金融的大银行——并且鼓励竞争。尽管两个阵营有时都会赢得胜利，但是新政金融改革签名还是 Brandeisian：

《格拉斯—斯蒂格尔法案》通过从投资银行中分离出商业银行业务（存款和贷款）解散了像摩根大通这样的大型华尔街银行，而且存款保险业务使小银行更具竞争性，因为存款在小银行变得和在大银行一样安全。

不像罗斯福，奥巴马总统在白宫没有任何的布兰德斯主义者：他、盖特纳和萨默斯都开始向合作主义倾斜。政府面临的问题是许多美国民众对合作主义成功的质疑。2008 年对金融机构采取的紧急援助非常不受欢迎，而且普遍的观点是政府的确在危机中呵护了华尔街，但是对那些大街上普通民众的帮助微乎甚微。到 2009 年底，奥巴马政府针对这些问题已经在着手制定相应法律对策。但是一个重要事件使得政府不得不出手：2010 年 1 月 19 日在马萨诸塞州进行的选举中，共和党人士 Scott Brown 填补了 Ted Kennedy 空出的参议院的位置。Brown 的这次选举会改变医疗保健立法，这被解释为是在美国政治中民粹主义浪潮的一个证据。在 1 月 21 日的一次演讲中，奥巴马总统签署了一项前任美联储主席保罗·沃尔克的提案，这项提案指出应该禁止存款性银行从事自营交易——就是说用自己的账户进行交易。他说国会应该制定这项"简单且富有常识性的改革法案"，"就是我们所谓的沃尔克规则——由我身后这位高大的人士提出的"。威严高大的沃尔克是总统竞选时期的重要经济顾问，也是令奥巴马政府的经济平台显得那么庄重的操纵者。但是在竞选结束后他就开始慢慢退居幕后，在金融立法中几乎没有起到什么作用——他在国会立法过程中的消失以至于《纽约时报》专门写了一篇名为"沃尔克怎么了"的文章。然而，随着 Brown 在选举中的胜出，政府表示支持沃尔克法案。

另一个民粹主义时机发生在几个月之后，即此时阿肯色州民主党参议员 Blanche Lincoln 正面临着一个棘手的挑战：通过农业委员会策划一个禁止商业银行从事衍生品交易的修正案。该修正案的严格版本规定任何控股公司，包括商业银行子公司，都不得在这些控股公司网络内从事衍生品交易。其比较不足的地方在于它应该迫使这些控股公司将衍生品交易业务交给一个单独的子公司来操作。这个 Lincoln 修正案也同样成为了多德法案的一部分。

高盛时代

直到 2010 年 4 月，多德法案和立法的命运逐渐变得不确定。在 4 月 19 日，证券交易委员会控告了高盛集团，提出的理由是在一种叫做"算盘"的复杂交易中欺骗了投资者，因为他们并没有告诉投资者避险基金经理 John Paulson 已经帮他们选择了这项交易的核心不动产抵押贷款相关证券。这个控告决定在证券交易委员会内部引起了很大的争议，民主党委员会投了三张赞成票，而共和党投了两张不赞成票。但是对高盛集团的愤怒已经变成了华尔街狂妄自大的象征，这给了立法势不可挡的势头。多德法案可能在数周内获得通过，而且白宫还将建立一个会议委员会去调和多德法案和弗兰克法案。

沃尔克规则和 Lincoln 修正案最终都没有完全被法案采纳。沃尔克法案的优势被一项修正案弱化了，而这项修正案最终确保了 Scott Brown 竞选的成功——这个特殊参议员的竞选最终促使采纳了这项修正案的内容。在修正后的沃尔克规则下，银行被允许投资不超过 3% 的避险基金和私募股权基金。而 Lincoln 修正案被修改成一个非常复杂的规则（我们将在第五章进行讨论），这项修正案允许银行进行衍生品交易，但是这些衍生品交易必须与普通银行业务相隔离，由单独部门负责操作。另一项由参议员 Susan Collins 提出的修正案对银行负债设置了限制——因此，在某些情况下也就控制了它们的风险。

对银行施加限制使得这项法案离盖特纳和萨默斯中意的合作主义又近了半步，显然是从布兰德斯主义的角度来看的。但是，仅仅是这半步却使原来的状况完全发生了变化。每一项限制措施都在很大程度上依赖于监管机构的实施状况如何（监管机构有两年的时间去实施沃尔克规则，有三年时间实施 Lincoln 修正案）。这种灵活性将会增强监管机构在那些具有合作关系的大型金融机构的影响力，但是我们没有理由相信这些大型机构将会以任何显著的方式进行规模缩减。具有讽刺意味的是，这些约束条款将会通过在银行日常操作过程中建立一个持续磋商机制来强化监管机构和大型银行之间的合作关系。也许更令人惊讶的是，新的消费者金融保护局，也是各大银行最畏惧的机构，与银行之间的关系最后会有几分与上所述相似的效果。

　　在之后的几章中，我们将会更进一步来分析《多德—弗兰克法案》的各个组成部分，同时探讨一下如上所述每一部分的内涵。

第四章　衍生品制度改革：
清算中心和传统衍生品

　　每个人，从《赫芬顿邮报》到亨利·保尔森都认为过去几十年中衍生品和其他金融创新业务的诞生加剧了金融危机。正如贝尔斯登的金融稳定却在 2008 年 3 月恶化，很大程度上是因为它持有大量的抵押产品，令监管机构感到头疼的是一个贝尔斯登的违约导致了整个回购市场的动荡。在接下来几个月里，情况没有好转。对美国国际集团未能履行其信用违约互换的担忧是提出 1 820 亿美元救助资金的主要理由。抵押相关证券是由贝尔斯登发行，美国国际集团担保的一种有价证券，是近年金融创新的产物之一。[1]

　　我应该在这里暂停一下，指出我在"金融创新"的参考文献中将当代金融不同的三个组成部分合并在一起。《多德—弗兰克法案》锁定了这些创新性衍生品的第一部分，这些衍生品被前美联储主席艾伦·格林斯潘（Alan Greenspan）吹捧为救世主，而在最近危机之前被沃伦·巴菲特（Warren Buffet）公开抨击为"大规模杀伤性金融武器"。正如我们所看到的那样，金融衍生品就是一种金融工具，其价值取决于利率、货币，或者其他一些基础工具的变动，甚至可以是一个特定事件。第二种创新产品就是结构性融资和资产证券化，在交易过程中产生了抵押证券，也就是我们现在所认为的不良资产。在抵押证券交易中，抵押证券被出售给一个新的参与者（特殊目的载体），这些新的参与者购买了这些抵押证券，然后再向投资者出售这些证券。这些由投资者持有的证券——像贝尔斯登这样的银行——就是抵押证券。最后，像贝尔斯登和雷曼兄弟这样的投资银行通过短期回购交易——售出这些证券的同时附加了会在不久后以更高的价格将其购回——为业务运营融资。

这些创新产品，不论单独来看还是整体来看，都不是导致这次金融危机的原因。这次危机是由房地产过热导致的，还有人为的低利率和那些鼓励自购居所的政策所致，这些政策包括向房利美和房地美施加政治压力让它们扩大消费者规模，而这些消费者很多都是通过抵押方式购置居所的。《多德—弗兰克法案》轻易地回避了现在由政府所有的房利美和房地美该如何处置的问题。在这项长达 2 319 页的法案中，唯一提及这一问题的地方也就只是在一项为了完善这项研究的条款中。[2]

尽管衍生品、资产证券化和回购交易本身并没有导致这次危机的发生，而这些市场运行混乱却加剧了这场危机。《多德—弗兰克法案》几乎完全忽视了回购交易市场——雷曼兄弟正式利用这一工具操纵自己的账目，同时稳定了其银行的正常运行——这一被忽略的部分我们将在第五章进行讨论。《多德—弗兰克法案》针对抵押证券的大部分明显的问题制定了一些条例。我们将在第六章对此进行详细阐述。

但是《多德—弗兰克法案》对第一类创新产品，也就是衍生品给予了很大的关注。在这一单元中，我们将完整地讨论一下国会为衍生品建立的新监管框架。

基本框架

在这里，对我们将要探讨的一些重要事件以摘要的形式归纳出：

- 涉及的金融工具：互换和基于证券的互换。
  - 商品期货交易委员会监管的互换。
  - 证券交易委员会监管的证券互换。
- 涉及特殊监管的机构：互换交易商和主要的互换参与者。
- 关键创新：清算所和交易所。
  - 清算所：
    - 商品期货交易委员会和证券交易委员会决定互换是否要清算。
    - 清算所对互换双方给予援助。
    - 清算所规定保证金要求。
  - 交易所（还有交换执行的设施）：

- 如果需要结算，互换就必须要递交给交易所。

在《多德—弗兰克法案》通过之前，监管框架假定——部分通过历史事故，部分通过设计——衍生品市场实质上是自我监管的。场外衍生品交易为了能够私下地进行协商，很少公开披露内容或者接受监管。一系列特殊的破产豁免规定，如果交易一方申请破产，另一方可以拥有抵押品或者终止合同。这项规定赋予的自由，以及衍生品和其他金融创新在借入资金过程中扮演的角色日益重要，越来越加重了它们身上存在的影子银行的特征。

很大程度上是由于历史偶然性，对于抵押品的管辖权在商品期货交易委员会和证券交易委员会之间进行了划分。《多德—弗兰克法案》中也保留了这样的区别，在各种互换之间对衍生品进行划分，一部分是由商品期货委员会监管，另外一些证券互换是由证券交易委员会监管。这里不作这种区分，为简便起见，本章合称为互换。

新立法中最重要的衍生品创新就是要求建立新的结算制度，这种要求赋予了商品期货交易委员会和证券交易委员会要求任何级别的互换都要完成结算的权利。当一种衍生品结算之后，第三方——清算所——愿意站在交易双方背后，保证每一方都会为对方履行自己的职责。

结算后的互换还必须要递交到交易所（在《多德—弗兰克法案》中定义为"交易平台"）进行交易。为了在交易所完成交易，衍生品必须如同纽约股票交易所交易的股票那样进行标准化，而不仅仅是交易双方在私下自己协商设立合同。清算所和交易所对之前的实践方式进行巨大的调整和改变，之前的实践方式就是衍生品交易双方都私下进行协商设立交易合约，而且几乎没有什么监管可言。

新体制存在的第一个大问题就是绝大多数的衍生品交易是否真的移向清算所和交易所，还有是否那些大银行会以自己体系太复杂和专业化为借口来劝说监管者让自己的衍生品交易不用进入清算所和交易所。第二个问题就是清算所应该如何发挥其作用。如果新的监管框架产生了负面影响，那么几乎可以确信的是这些清算所多多少少都存在危机。

因为先前监管框架的弊端主要都是各种历史意外事件造成的产物，我就先作一个简短的历史回顾。然后我将探讨一下新立法会不会给衍生品市场及其监管的现状带来改变，先看看清算所和交易所，然后再转向衍生品市场的监管者。

衍生品和现代金融

20 世纪末，衍生品和其他金融创新对银行的底线变得越来越重要，而其本身也处在一个政策框架的监管之下，这个政策框架的建立可以追溯到几十年前（正如金融中常见的例子，人们可以在几千年前找到当代衍生品的前身；而现代监管框架的起源仅仅是最近一些年）。美国的监管体制是在 19 世纪末 20 世纪初的时候成形的，当时新兴市场与民粹主义批评家们关于建立谷物和其他商品的期货合约展开了激烈的争论，那些民粹主义批评家们认为这只是一种新的赌博方式。在早期争论中尤其担忧的是投机商号们——在当地设立的，为了进行商品合约投机而设立的小事务所。据那些批评者所说，这些市场的参与者们都是"他们赌博地狱中的魔鬼"。民粹主义还抱怨商品交易被用来赌博，那些投资商号的操作者们都是剥削毫无戒心顾客的恶棍。有组织的交易所，如芝加哥交易所和芝加哥商品交易所，都赞成民粹主义对投机商号的谴责，也坚称场内商品交易都是非常合法正当的。[3]

直到 20 世纪 20 年代，主要的监管干预来自通过司法解释确立的认可与不认可的期货合约。依照过去的英国案例，一些法院确立了如果双方没有打算要合约中规定的但却存在问题的商品，那么期货合约就不能强制履行。如果双方同意将合约期初商品价值和期末价值的差异进行冲抵——也就是英国案例中提及的差价合约——那他们就真的只是为了投机。只有当买方真正地想要合约中规定的商品时，这个合约才算是合法的。在 1905 年，最高法院在一个名为美国芝加哥贸易委员会控诉克里斯蒂股票公司的案例中大大削弱了人们对衍生品合约的攻击。美国期货交易所的案例确立了期货合约是强制履行的，只要这个合约具有很浓厚的商业目的，而并不是必须进行实际交割。[4]

国会最终经历了 1922 年和随后的大萧条。在 1922 年的粮食期货法中，国会力图通过规定只有在交易所设立的期货合约才是合法的来彻底铲除那些投机商号（让交易所得到更多它们想要的）。在1936年，国会颁布了商品交易法，据此设立了一个联邦监管者——也就是在1974年被重组成现在的商品期货交易委员会的商品交易委员会。罗斯福总统在1936年加强监管的主要目标之一就是弥补1933年和1934年颁布的证券法所遗留下来的监管缺陷。证券法的设立，确立了证券交易委员会，而且授权证券交易委员会监察证券市场中存在的投机行为，不包括对芝加哥粮食交易的监察。随着证券交易中投机行为的减少，投机商们逐渐将矛头转向了粮食交易。商品交易法的颁布确保存在一个对商品交易的专门监管者，正如对证券交易的监管一样。额外的第二个监管者的确立在当时有着重大的意义，但是却导致了随后对于监管范围的争夺之战。

在19世纪30年代，人们可以理直气壮地说期货合约——这个时代主要的衍生品——如果在交易所进行交易就是完全合法的，在场外交易就是非法的。然而在20世纪末和21世纪初期，几乎所有的衍生品交易都是在场外进行的。很可观的衍生品交易额都是通过场外——也就是说，非交换性交易——衍生品交易实现的。

在那些大投资银行以及它们的贸易集团，还有像安然这样的主要衍生品交易参与者们的命令下，逆转被一个举世闻名的衍生品监管紧缩封闭了。随着19世纪90年代互换和其他衍生品的激增，商品期货交易委员会起初对其保持一种放任的姿态，公开表示对衍生品行业"不采取行动"，它也不会干预那些场外交易的合约，同时要为那些合格的互换交易提供一个明确的安全保障。到这种程度，回避监管以及让衍生品行业自我照顾都有了理论依据，这么做的原因似乎是因为这些合约的参与者都是那些复杂的华尔街大银行。它们有能力照顾好自己。

但是在1998年，商品期货交易委员会的领导者布鲁克斯勒·伯恩（Brooksley Born）打破了这种已有观念，她质疑这种不干预的传统方式，还主张要对市场施加更加密切的监管。其他重要的金融和证券监管者对她的这两种行为有点质疑，究其原因一方面是因为她没有相同的华尔街凭证，另一方面是因为商品期货交易委员会和证券交易委员会都加入了关于谁有权对新衍生品交易实行监管的争议之战中，这些新的衍生品交易中有很多都既可以归纳为商品交易（商品期货交易委员会管辖范围），又具有证券交易（证券交易委员会管辖的范围）的特征。对其他的监管者来说——美国财政部长罗伯特·鲁宾（Robert Rubin），美联储主席艾伦·格林斯潘（Alan Greenspan）以及证券交易委员会主席 Arthur Levitt——Born 威胁使用干预的做法是一种义愤，是对这个至关重要市场的一种无理攻击，干预只会使得这个市场失去原有的稳定。为了平息伯恩的不满，鲁宾、格林斯潘和莱维特（Levitt）特别召开了一次联合新闻发布会警告说过多的监管会造成危机。当鲁宾身为克林顿总统最重要的金融顾问时，格林斯潘拥有几乎神一般的权力，伯恩没有机会将自己的不满付诸行动。她很快就放弃了，而场外衍生品交易仍然保持无监管的状态。

尽管伯恩已经得到了惩罚，但也没有阻止她和商品期货交易委员会继续对快速扩大的场外交易实行监管。衍生品行业仍然存在巨大的风险。在 2000 年，克林顿执政的末期，衍生品行业请求国会能够明确使那些主要种类的场外衍生品交易可以免于监管。在商品期货现代化法案下，多数种类的衍生品——包括互换和抵押性衍生品——明确地规定了都不包括在商品期货交易委员会和证券交易委员会的监管之下。

回溯过去，我们会看到由高盛集团领导的衍生品交易商得到了 2000 年立法保护，但这造成了两个主要的结果。首先，这种保护为大银行带来了巨大的利润。因为场外衍生品交易并不是标准化的，而是在合约的基础上通过私下商议进行的，交易商银行就可以据此收取巨大的费用。根据最近的一项统计，美国银行仅仅通过信用衍生品交易（一种不包括利息互换和货币互换的衍生品交易），在 2009 年第二季度和第三季度分别创造了 19 亿美元和 12 亿美元的利润。这些收入，比起市场风险等其他因素，是反对采取监管的真正原因。这也是为什么这些银行如此担忧新立法会规定更多的衍生品交易必须在交易所进行。[6]

带来的第二个影响就是加剧了金融危机。衍生品市场的不透明和对市场会被冻结的担忧使得那些监管者在 2008 年危机发生时都变得无能为力。监管者们并不清楚贝尔斯登和雷曼兄弟在他们面临违约的时候究竟对外公布了多少信息。他们同时也担忧贝尔斯登的违约会造成信用违约互换市场的混乱，因为有很多的信用违约互换合约都声称保障买方免受贝尔斯登的违约风险。信用违约互换合约组成的大型组合，美国国际集团承诺为此提供担保，确保买方免受抵押债券的违约风险，而撤销这一组合会产生很大的影响，对这个影响的担忧成为对美国国际集团采取紧急援助的主要依据。监管者们几乎明显地夸大了贝尔斯登或者美国国际集团违约的系统风险。但是这个市场的不透明和它潜在的脆弱性，尤其是它被一小部分银行控制着，这些都是千真万确的事实。

Stout 提出的替代方案

关于建立新清算所和交易所的需求在最近的这次立法辩论中扮演了非比寻常的角色：建立这两个新机构已经成为不争的事实。我可能有点夸大了。它们的建立也确实带来了一些批评和反对——尤其是对于它们外围业务——而且那些华尔街大银行也在默默但积极地游说不要建立新清算所和交易所。但是衍生品应该在必要的时候转入交易所交易，而且几乎所有的衍生品交易都应该结算，这个基本原则还是得到了广泛的赞同和支持。这种共识逐渐扩散到学者研究和立法者之中。

学者终究是学者，清算所并不是唯一一个为解决衍生品市场不透明和缺乏监管而提出的解决方案。在法学界学者之中，位于洛杉矶的加州大学的法学教授 Lynn Stout 在危机前近十年里一直提议改变衍生品市场现行的扭曲制度，回归到最初的普通法规则——"差价合约"——就是合约的一方愿意为另一方支付合约规定的商品、货币或其他标的物价值上的变动额——不能强制履行合约。不允许强制履行看起来也许是对破坏衍生品市场的一剂良方，因为几乎所有的衍生品交易都覆盖在这一禁令下。但是 Stout 辩论说即使面临着不能强制履行，这个市场还是会继续运行下去，也是出于同样的原因，在一些赌博是合法且赌约不能强制履行的州，投机者们大肆下赌注：只要合约的另一方值得信任，到期能够兑现合约，那么就几乎不存在法庭会要求强制履行合约的可能性。[7]

正如 Stout 预想的一样，不仅她的计划可以简化法规监察，而且禁止强制履行的风险也会抑制那些纯投机行为的衍生品交易，也会鼓励那些交易商同信誉良好的交易对手签订合约。对于这项提议的一个显著担忧就是这可能会加剧（或者至少会维持）衍生品行业的集中。那些希望进入衍生品市场的企业会促进这个市场上参与者的构成——因为交易商们都愿意同这些信誉良好的企业签订合约进行交易。当然，这个市场上最主要的参与者还是主导这个衍生品交易的五家大银行。这个提议也可能会削减衍生品交易。因为任何已有衍生品的价值都是取决于参与者的资信，否则就可能会出现一个衍生品具有不同价值的状况。

也可以从另一个角度来看这项提议——这个提议勉强与《多德—弗兰克法案》中的相关策略保持了一致。为了应对交易对手的违约风险，参加衍生品交易的企业都会建立担保安排。这种担保安排看起来很像《多德—弗兰克法案》下要求清算所建立的保证金要求制度。

新清算所和交易所

我已经指出了新清算所和交易所体制反映出在学者和评论家之间已经达成了一定的共识，但是这种景象几乎不是自动生效的。在那些使用衍生品的工业企业施加的压力下，立法者为了确定谁应该免于监管谁应该包含在内，谁应该执行监管者的职责而制定了一系列的决策。我们将从建立的基本框架入手，在这个框架下几乎所有的互换都处于监督之下，然后我们将转向探讨一下清算所本身所具有的一些风险。

第一个蕴涵在法案中的主要区别就是对商品期货交易委员会和证券交易委员会之间的监管部门所作出的让步。该项法案对互换和基于证券的互换给予了平行但是又有区别的对待；作为衍生品的互换交易的管辖权目前在商品期货交易委员会的手里，而基于证券的互换交易的监管主要由证券交易委员会负责（货币互换、利率互换和信用违约互换都被看成一般的互换；只有那些基于股票和其他有价证券的互换——例如，基于股票或者股票指数现在与未来市场价格差异的合约——这些都促成了基于股票的互换，都由证券交易委员会监管）。[8]

对于那些华尔街主要的大银行，《多德—弗兰克法案》制定了两个新的监管标签：互换交易商和主要的互换参与者。所谓的互换交易商就是在整个互换交易过程中扮演交易商角色的任何团体，为互换提供场所和服务（也就是安排互换能够顺利进行），或者定期地参与到互换交易中。无论如何，这些都覆盖了作为交易商的大银行——美国银行、巴克莱银行、花旗银行、摩根大通银行和其他 11 家大型银行。重要的互换参与者就是那些在互换市场上"占据实质性位置"的企业（"实质性位置"并不包括对冲交易，也就是为了免遭价格变动带来的损失而购买衍生品进行的避险交易，例如，一家航空企业为规避石油价格变动带来的风险而进行石油衍生品交易，那么这个航空企业就不能指定为互换市场上的"主要互换参与者"）。定义互换交易商和主要互换参与者的成本就是一种新的资本保证金要求。

新体制的基本要求是简单明了的。如果监管者的结论是互换应该结算，必须递交到清算所结算，递交到交易所（或者互换执行机构）进行交易。尽管在《多德—弗兰克法案》的媒体报道中并没有过多关注这些，但是对那些大银行来说，将互换移交到交易所进行交易的成本比较大——假设互换交易确实要移交——与结算相比较而言。在新立法颁布之前，大多数互换交易都是交易双方基于国际掉期与衍生品协会规定的标准格式私下商议进行交易，最终避开了交易所。因为每一种衍生品都是单独设计的，所以银行可以根据不同情况收取巨额费用——远多于那种最基本交易所交易的衍生品。如果大部分互换交易都在交易所进行，那么华尔街的大银行就会失去这一部分巨额利润。

清算所的监管困境

清算所要求极为相似，但是新立法的降低风险目标引起了很大的争议。例如，如果高盛集团和美国银行也进入要求结算的利率互换交易，那它们就必须选择一家清算所作为交易的中间人，然后清算所就要承担交易双方履约的责任。这就意味着高盛不用太担心美国银行在互换交易中是否会履约，反之亦然；这样的话，风险就几乎都来自清算所了。为了防止自己发生糟糕的意外，清算所要求交易双方缴纳保证金——付现方式或者抵押方式，如果对方违约，清算所就有权将抵押品变卖（缴纳的保证金由初始保证金和追加保证金共同组成，前者是在交易初就要缴纳的，后者需要根据合约标的的价值变动每日进行调整）。[10]

　　设立清算所的安排建立在所有衍生品交易都必须进行结算的假设之上。这就取决于商品期货交易委员会和证券交易委员会，它们决定了哪一种互换需要进行结算（因此结算和交易所交易两者都要进行）。更有可能的是，监管者更倾向于要求结算，但是也很容易就能想象到那些华尔街大银行将以一些新型衍生品不适合也没必要进行结算和交易所交易为理由，在未来两三年里不断地劝说监管者不要那么做。如果这些银行可以成功地劝说监管者不要将衍生品交易进行结算和转向交易所，那么他们就能从中受益，而且他们有可能会通过研发一些难于标准化的衍生品来阻碍交易转向清算所和交易所。[11]

　　如2009年底，危机发生后两年，据报道交易商大银行的——202万亿美元——场外利率衍生品交易名义总额的35%进行了结算，另外还有43%可能也会进行结算（名义金额是合同中规定的一个基准金额，而不是交易每一方实际拥有的金额）。它们宣称还将结算70%的新利率衍生品交易。鉴于利率互换经常被归类为最基本的衍生品，这一归类就使得很大一部分类似衍生品可以不清算。如果这种倾向是真实的，那么我们就会或多或少地回到《多德—弗兰克法案》之前的状况，如果银行的对手方被揭露可能不用结算，那就有可能面临实质性交易对手风险。[12]

　　但是我很怀疑大部分的衍生品可以在数年之内就能成功地转移到清算所和交易所。的确，现在已经处在过渡期——无疑部分是由于新监管体制的督促所致——甚至在《多德—弗兰克法案》颁布之前就已经如此（一个衍生品研究的领头人的观点是衍生品交易的转移确实会在最近开始，而且预计60%会在一年内清算，80%是在四年内清算）。[13]

　　假设新的结算要求会导致大多数衍生品交易转移到清算所，这也不意味着衍生品市场的风险就被消除了。这些风险的大小和形式都将取决于清算所将如何发展这个市场。如果由一个或者两个清算所主导这个市场，每一个清算所都将成为带来系统风险的源头。如果更多的清算所进入这个市场，清算所就会面临一些相同的反常动力，这会在危机来临之前损害信用评级机构监管。第二个可能性——形成多样化清算所——更让人担忧。

我们从建立主导型清算所的可能性开始讨论。证券交易所有自己的结算部门，其他一些也如此。假设其中的一个——或者是另一个还没有在金融地图上出现的——成为衍生品结算的主导机构。一旦建立了合适的清算所，参与衍生品交易的双方就不用再担心另一方的财务状况，因为由清算所负责双方的合约执行。但是这就意味着清算所本身就成为了一个很大的系统风险来源。

一些主导型清算所的成立事实上更像是一种假想，因为如果所有的衍生品交易都是在同一个地方进行结算，那么从事重要的衍生品交易的交易者会被要求提供较少的抵押。如果作为一个同时在数个交易所参与数个衍生品交易的一方，需要给每一个交易所都缴纳保证金。只对一个清算所提供担保——然后只为来自该清算所所有交易商交易的净暴露——是非常有利可图的。尽管这种效应会通过各个交易所相互合作来减弱，但是《多德—弗兰克法案》对清算所的这一提议也明确表示"坚决不同意"。如果这些清算所相互之间不能很好的合作，竞争性和规模经济同时会自然地导致产生少数高度集中的清算所。[14]

这些清算所发生危机的可能性有多大呢？《多德—弗兰克法案》试图通过要求每个清算所按照最低标准保留足够的财政储备来降低发生危机的风险，这些财政储备必须能够覆盖它的最大参与者发生违约造成的损失，而且同时也必须能够维持它在违约发生后一年内的正常运营。与抵押要求模糊的指导方针相比，最大的参与者违约带来的潜在风险是一个相当具体的数据，清算所可以根据每日数据将其计算出来。但是财政储备只涉及一个大型参与者。这就没有理由相信这些储备在多个大型参与者同时违约时也是足够的，正如2008年危机发生时我们所看到的那样。而且，商品期货交易委员会（还有负责监管证券型互换的证券交易委员会）主要负责对清算所的监管，尽管联邦储备委员会在某种情况下也被授权参与一些监管工作。但是商品期货交易委员会并不像美联储那样能够熟练地监管清算所风险，前者比较缺乏这方面的经验。[15]

一个庞大的清算所发生危机所带来的后果是不堪设想的。正如我们在之前所看到的那样，银行的衍生品业务名义总额为291万亿美元。可能是由一个或多个银行或者其他大型金融机构的不稳定所引起的一个清算所的危机，就好像是许多具有系统重要性的银行同时发生危机一样的效果。相比之下，2008 年的危机就显得更加离奇有趣。

从这个角度来看，《多德—弗兰克法案》的撰稿人毫无疑问地赋予美联储在危机时出资援助清算所的权利，以此协助它们走出困境。最大的清算所也因此被归入太大而不易发生危机的花名册。[16]

虽然主导型清算所的风险过于集中，但是与多样型清算所相比，前者似乎更合理。尽管这样的清算所会成为系统风险的一个主要来源，但是监管者也更容易监察这些清算所存在的一些问题和潜在风险。银行都很复杂，涉及的业务范围也非常广，这就使得对它们的监管工作变得很困难。清算所的运行并不简单，但是清算所只是涉及某一类型的业务。它并不像银行那样不透明，至少看似合理的是监管者能够很有效地监视主导型清算所的风险——尽管这种主导型的确立是建立在增加另一个庞大机构的基础之上。

另一种可能性——多样化的竞争型清算所——会导致各个机构竞相杀价而使得监管效果下降以及监管难度的加大。在金融危机之前，关于激烈的竞争会造成致命后果的争论可能需要站得住脚的解释。但是信用评级监管的崩溃为"什么情况下可能犯错"这个问题给出了非常生动的答案。惠誉评级通过"评级购买"的方式进入由穆迪投资服务公司和标准普尔主导的市场，这严重破坏了信用评级机构在这个市场上为抵押证券原本制定的规则。例如，如果一个投资银行想要卖出抵押证券，但是对穆迪投资服务公司和标准普尔给予的评级并不满意，那么它就可以转向与惠誉评级合作。这种可以在不同评级机构之间购买评级的行为会导致各个评级机构之间竞相杀价，也就是说那些评级机构为了防止自己的业绩损失而不得不给出优厚的待遇。[17]

清算所也会出现相同的状况。如果存在多样化清算所，这些清算所会为了抢占业绩而通过降低标准来相互竞争。也就是说接受次级衍生品的结算，制定不适当的低保证金限额或抵押要求，或者同时采取这两种方式，这种趋势将会增加清算所发生危机的风险和损失。具有讽刺意味的是，如果商品期货交易委员会和证券交易委员坚持结算几乎全部的衍生品，包括那些特殊的衍生品，它们就可能会加剧这种危险。

即使不出现相互竞价，清算所数量的激增也会消除一个管理风险的重要工具：补偿义务。如果多个衍生品交易同属于一个交易方且都在同一个清算所进行结算，那么这个清算所就能够使该交易方一些合约中的收益可以弥补另一些合约中由于违约所遭受的损失，从而降低了清算所遭受的冲击。但是如果这个交易方的这些合约都是在数个不同的清算所进行结算的，那么每一项交易要从风险减低收益网中获利的能力就会被大大削弱。

《多德—弗兰克法案》并没有忽略清算所整体运作流程中的风险。例如，该法案要求清算所设立适当的保证金标准。但是这项要求只是激励性的要求，而不是很具体。立法机构也要求监管者们通过遏制那些具有系统重要性金融机构的选举权或者所有者权益来解决潜在的利益冲突，这些机构对清算所来说利害攸关。这些要求也可能是有利的。但是监管体制的有效性很大程度上依赖于商品期货交易委员会和证券交易委员以及美联储的警觉性。

信息披露和数据搜集

在我们作出结论之前，我们应该再从另一个角度探讨一下这个新框架：它对信息披露和数据搜集的相关要求。信息披露和信息流的问题已经干扰了衍生品市场，而且事实上应该归因于美联储和财政部在 2008 年面临贝尔斯登违约时的恐慌。新立法通过三个不同的途径加大了信息披露。首先，新立法建立了交换资料储存库用于处理预计数量比较大的信息披露。清算所本身也被要求建立交换资料储存库作为它们日常运营业务的一部分。其次，互换交易商和互换主要参与者都被要求在商品期货交易委员会进行登记注册（或者在证券交易委员会，为了进行证券型互换交易）。最后，新法案要求每笔互换交易的交易量和交易价格都必须进行公布，及时地公布没有清算的互换和"只要技术上可行"的清算后的互换。[19]

新的数据和报告要求无疑将为监管者提供给更多的有关衍生品交易和主要参与者的信息。证券交易委员会对贝尔斯登和雷曼兄弟日常运营的忽视是这次危机中最让监管部门感到难堪的事情。

最主要的问题是有多少信息需要公开披露，还有应该多快。甚至在《多德—弗兰克法案》颁布之前，当数据经常被限制的时候，信用违约互换经常被作为一个公司金融状况的最佳预报器（一个例外是，信用违约互换在雷曼兄弟这样的主要衍生品交易商来说，正如我们看到的一样，被预期的紧急援助扭曲了）。《多德—弗兰克法案》会产生更多的信息，而且数据储存库被命令发表这些信息而无须辨别细节。如果有价值的信息真正被披露了——然而另一个"如果"就将取决于监管者——这些信息能够为监管者的监管工作提供很大的辅助作用。然而，由于公开披露信息要求的含糊其辞，那么非交易所交易的衍生品市场就会存在一个实实在在的风险，而且会像危机发生前那样难以被发觉，从而一直存在。

使之生效？

所有一切都可以归结为监管者。这是看待新的衍生交易体制的一种方式。大家都认为衍生品交易的监管与危机发生时相比已经很难再变得更糟糕了，而且将交易转向清算所和交易所是一个很大的进步。但是对于有多大比例的衍生品交易已经实现了这种转移现在还很难下定论。很有可能仍然还有相当一部分的衍生品交易会在这个系统之外依旧实行场外交易。最后的结果如何还是取决于商品期货交易委员会和证券交易委员会的警觉性。

如果大部分的衍生品交易都移到清算所，那么又会产生另外一些问题。一方面，如果存在数个清算所，那么华尔街大银行就会直接以最简捷的方式将它们的业务都转到清算所——或者更有可能的是，许多清算所会走捷径，正如信用评级机构所做的那样——除非商品期货交易委员会和证券交易委员会可以更熟练地监察一些技术参数，如保证金要求。另一方面，如果市场上只设立一个主导型的清算所，那么大而不能倒的争议又会登上台面。如果出现了数个大型清算所那么监管者就会同时面临这两个问题。

虽然证券交易委员会和商品期货交易委员会（美联储曾会在其需要

之时给予资金援助）努力将自己的事都做好，但是仍然存在衍生品交易为了逃避新的监管框架可能会转向国外进行的可能性。我们将会在稍后的第十章中，对《多德—弗兰克法案》关于这一问题所提出的特殊但是迫切需要的条款进行详细论述。

新衍生品交易体制的成功也因此被随之出现的问题包围了。一方面，《多德—弗兰克法案》对这些金融工具的处理是这项法案众多贡献中的一个。另一方面，对于主导衍生品市场的那些机构的处理——像花旗和美国银行这样的大银行，以及它们的非银行伙伴——是更麻烦的事情。我们现在就转向讨论解决这一问题的方法。

第五章　银行业改革：难以分拆

当前对《多德—弗兰克法案》的争论均面临着一个约束，即法案会对花旗集团有何影响。众所周知，花旗集团过于庞大、极度不稳定且难以对其实施控制。众多与我交谈过的国会议员均表示，提案对花旗银行的影响决定着该提案是否能够通过。

正如第三章所言，历史上对大型金融机构风险的控制主要有两种方法。一是依靠政府和行业内主导企业的合作关系。二是秉承路易斯主义或杰斐逊主义的政策传统，拆分大型公司以促进竞争。

《多德—弗兰克法案》蕴涵着统合主义的色彩，属于第一种风险控制方法。政府当局及其国会同盟决定找出大型的金融机构予以特别关注，并强制它们达到更高的资本金要求。政府与大型金融机构合作，这一曾经在罗斯福新政中消失的政策观点，竟在 75 年后重浮水面并被采用。尽管政府当局面对路易斯主义的批评而被迫作出一些妥协，但这些妥协巩固了政府和大型金融机构之间的合作，而不是抑制了银行的主导地位。

基本框架

此处简述一下本文将探讨的一些关键点：
- 主要监管机构：美联储，金融稳定监督委员会。
- 特别监管的金融机构：
  - 资产为 500 亿美元或超过 500 亿美元的银行控股公司；
  - 系统重要性非银行金融机构（财政部指定和金融稳定监督委员会 2/3 票数以上指定的金融机构）。
- 内含要求：

- 更高资本金要求；
- 美联储监管要求；
- 沃尔克规则：
    - 禁止银行自营交易；
    - 对冲基金或共同基金持股比例不得超过 3%。

新建立的金融稳定监督委员会和美联储负责监管"太大而不能倒"的金融机构。任何资产为 500 亿美元或超过 500 亿美元的银行控股公司会被自动纳入系统重要性银行监管范围，接受特殊监管，包括主要监管机构负责人的金融稳定监督委员会将决定一个非银行金融机构是否属于系统重要性的监管范围。若金融稳定监督委员会中超过三分之二的委员，包括财政部长，投票认为非银行金融机构如 AIG 是系统重要性的金融机构，那么它会被纳入接受更严厉监管的金融机构范围。

纳入了严厉监管范围对金融机构的最直接影响是它将处于美联储的监控视野之下。考虑到系统性金融机构的破产可能带给整个金融系统的巨大风险，美联储出台的基本监管工具会对这些金融机构制定更高的资本要求。

众多条款中饱受争议的是沃尔克规则，本文将它称为路易斯主义妥协条款。这些条款旨在限制系统重要性机构的规模或扩张。沃尔克规则禁止银行控股公司从事自营交易（即通过自己账户进行交易），并设定对冲基金或共同基金对商业银行的持股比例不得超过 3%。从理论上讲，这些会限制商业银行的经营活动。

本文将紧随上文逻辑，阐述新监管法案的特点，从系统重要性金融机构的选择及其服从的新监管规则开始，继而转向路易斯妥协条款。统合主义作为主题，将重现于文章的讨论之中。政府和大型金融机构的合作关系——政府将借助这种合作关系经由系统重要性金融机构来实施政治政策——将对新金融秩序作出界定。

新的指派人和被指派人

《多德—弗兰克法案》中最令人侧目的监管创新是设立金融稳定监督

委员会。该委员会主席由财政部长担任，委员则由金融业主要监管机构的负责人以及保险业的一个独立代表组成，其中监管机构包括美联储、美国证券交易委员会和新成立的消费者金融保护局。委员会的主要目标在于识别系统性风险和实施适当的监管以限制系统性风险。[1]

这个系统性风险监管机构的设立承载了自危机爆发以来众多改革者的希望。它是众多改革提案的一种共性体现，如布什政府时期的保尔森财长在去年所提出金融监管现代化框架的蓝图，和随后提出的各项改革提案。现在的基本问题是应该赋予系统性风险监管机构何种权力和如何实现该机构的权力和其他监管机构权力的协调整合。

《多德—弗兰克法案》将监管系统性风险及系统重要性金融机构的权力在金融稳定监督委员会和美联储之间进行分配。监管系统重要性金融机构的新框架主要分为两个基本步骤，一是确定应该予以特殊监管的金融机构，二是如何管理这些金融机构引致的风险。

对于银行控股公司，第一步自动完成。任何一个资产不少于 500 亿美元的银行控股公司将自动成为接受特殊监管的金融机构之一。对于非银行金融机构如 AIG，委员会决定是否将它纳入监管范围。将一个非银行金融机构纳入监管范围，须有三分之二的委员会委员（含财政部长）投票赞成，且"这家美国非银行金融机构的财务危机或其性质、规模、大小、范围、集中度、关联度或这些的共同影响会对美国的金融稳定产生威胁"。尽管金融机构可以质疑对其的划定，但这些质疑基本不可能成功。只有当划定是武断任性的，它才有可能被法院撤销。[2]

《多德—弗兰克法案》的起草者也意识到划定系统重要性金融机构的过程可能会导致金融服务市场的扭曲。美国企业研究所的银行业专家 Peter Wallison 在《华尔街日报》、国会听证会和其他场合不断警示，《多德—弗兰克法案》的做法会导致新的房地美、房利美类型企业的诞生。由于这些企业不会倒闭的观念在市场上根深蒂固，较之于其他企业，它们能以更低的成本获取借款。"这样的结果就是扭曲竞争，"他在一篇评论中写道，"大型金融机构会挤垮小金融机构，进取型的小金融机构将无法战胜这些政府支持的赢家。"[3]

有可靠的证据表明大型金融机构融资成本小于那些规模小的竞争者。

2009 年大金融机构的融资成本比它的同业竞争者低 0.78%，而在 2000 年和 2007 年[4]之间仅为 0.29%（法律制定者对"太大不能倒"式批评的脆弱也许可以解释在《多德—弗兰克法案》中存在的温和术语了。如最初的财政部白皮书一样，《多德—弗兰克法案》仅将目标机构定为"资产为 500 亿美元或超过 500 亿美元的银行控股公司或被美联储划定的非银行金融机构"，而不是将它们看做"系统重要性"或一级控股公司）。

对 Wallison 所关注问题的基本让步——限制金融机构违约可能性的策略——是要求这些系统重要性金融机构较之于其同业金融机构，去接受更高的资本标准监管。资本金要求是确保银行或非银行金融机构清偿的一个缓冲器。正如财政部长盖特纳所言："资本金要求和高速公路的速度限制、汽车的反锁死刹车系统和安全气囊、地震易发社区的标准制定一样，对金融体系至关重要。"[5]银行的股票价值可计入资本金，但债务资金不可计入。

为防止或降低系统重要性金融机构或其经营活动失败危及美国金融稳定的风险，法案赋予美联储对这些机构实施更严格的资本金要求。尽管法案仅仅定下了更高监管标准的步调——这点随后会详细讨论——但它也标志着严格的资本金要求将是监管大型金融机构的策略。更高的资本金要求的理论基础具有双重含义。它起着约束系统重要性金融机构的作用。更高监管标准也抑制了金融机构动用资产从事有风险的投资能力。[6]

新资本标准有效吗？

《多德—弗兰克法案》对高资本金要求的条款中融入了主流学术界对如何更好地监管系统重要性银行和遏制下一场危机的观点。危机期间，我所参加的每个学术会议均将资本金要求作为改革的主选。例如，参与编写《斯夸姆湖报告》的 15 位杰出的经济学家总结认为，对于同一风险敞口总额，一个大型金融机构内部风险资产总和比众多小机构的风险资产总和引起潜在的系统性风险更大，因此，需要对大型银行实施高资本要求（《斯夸姆湖报告》同样提出资本金要求可能会恶化那些持有难以出售资产或短期融资且资金易被提现的银行的状况；在所有的情况下，银行资产可能被迫减价出售，这会压低价格并损害持有类似资产的金融机构）。[7]

《多德—弗兰克法案》的资本金要求有两个严重缺陷。第一，在给定复杂的银行资产负债表下，难以有效制定标准的资本金要求。制定了国际监管框架并被欧美银行跟进并完善的巴塞尔协议Ⅱ中设立了的危机前资本金要求条款，这些规定就是例证之一。尽管巴塞尔协议Ⅱ的监管规则被认为是顶级的，但它并未要求银行在通过有风险的表外融资安排进行融资时，像直接融资一样，也持有相同的资本金，这样鼓励了银行基于衍生品而进行的融资。巴塞尔协议Ⅱ的经验表明如果高资本金要求规定没有有效付诸实践的话，那么这些规定将会错位。

第二，《多德—弗兰克法案》仅授予美联储有限的权力，以满足美联储对系统重要性金融机构实施高资本金要求的监管。参议员苏珊·科林斯提出的科林斯修订案给出的说明最为明确。科林斯修订案旨在对大型金融机构实施类似于普通银行的资本规则——当银行的风险或杠杆率上升时对银行实施严格的资本要求。《多德—弗兰克法案》明确请求美联储对非银行金融机构免除约束。但《多德—弗兰克法案》并非制定一系列根据机构的资产负债、表外敞口大小及其他因素来调整金融机构资本金要求的规章，而是让美联储自主判断以完善资本金要求。[8]

新法案授予了美联储监督银行业的自主权，意味着在随后的几年中大银行将参与资本金要求的协商。也许美联储会对这些金融机构施加严格的资本金要求，从而完全抵消了认为它们是"太大而不能倒"所带来的优势。但是，这似乎不可能。这些金融机构信誓旦旦地宣称严格的资本金要求将削弱其与国外同行竞争的能力，继而危及美国金融业。同时，它们还认为严格的资本金要求会降低系统重要性银行贷款的意愿（有趣的是，尽管这一观点表面上行得通，但最近的研究表明高资本金要求对贷款额影响甚微）。[9]当社会关注的焦点从金融改革转到其他社会热点之后，这些较为学术的探讨才会在华盛顿的关注之外进行。大银行在《多德—弗兰克法案》颁布和改革方案实施后并不过分抱怨的主要原因是它们仍将保持一个较为有利的状态。

除了新的资本金要求之外，对系统重要性金融机构监管的其他重心则是新法案中的沃尔克规则和路易斯主义条款。这些条款将构成下文讨论的主要部分。但是，本文先将注意力转至一些完全不同的东西上去。

可供选择的或有资本

　　深入分析《多德—弗兰克法案》对系统重要性金融机构的规章以及该法案倡导的研究和报告，可以发现法案采取了自动调节这一有效措施以支持深处危机的金融机构的资产负债表。这一曾引起纽约美联储深入关注的策略就是或有资本。尽管它并未被正式采用，但新法案不仅要求国家审计署深入研究，还建议美联储在该研究成熟时运用或有资本进行监管。[10]

　　若银行服从于或有资本监管，则它可以发行一种债券，该债券在银行的资本金低于某一特定水平时自动转为股权（在另一种激发机制下，如果银行对债务违约，则债务自动转化为股权）。或有资本可以在银行财务恶化时自动补充银行的资本金，以防止资产售卖和破产清算。这种策略可以用于各种企业——确实，这一观点也被破产专家提出而不只是研究银行的学者提出——考虑到金融机构破产的系统性影响，这一方法对金融机构极具吸引力。

　　上文对或有资本的描述可能让它看起来像是一种完美的方案，能有效解决系统重要性金融机构破产及对金融体系巨大冲击的风险。当然，它的工作机制并不是像本文描述的那样有效。当银行操纵其资本金或银行的资本金要求很低时，因银行资本金降低而触发的或有资本金要求就显得不是那么的有效。或有资本也无法保护金融机构突然的破产，如贝尔斯登和AIG——这两家机构的破产发生得如此之快以至于新的资本金无法及时遏制企业的破产。[11]

　　正如这些约束所示，或有资本金并非是解决系统重要性金融机构带来风险的完美方案。但它却是对《多德—弗兰克法案》的一个有益补充。法律制定者应被给予信任，以逐步采用比国会更富于改革性的方案，特别是当一个过分依赖监管者的框架，重新引入一个市场主角概念时，应被信任。

沃尔克规则

目前本文所描述的监管框架——基本与政府当局早期的政策提议一致——具有明显的统合主义色彩。它自动将资产在 500 亿美元以上的银行控股公司归类为系统重要性并请金融稳定监督委员会将大型非银行金融机构也加入其中。这个"太大而不能倒"俱乐部则与美联储和这个系统性风险委员会形成了合作关系。

来自于路易斯主义观点的社会压力，新法案增加了一些新的条款。将这些条款放入文中，可以描述美国的路易斯主义所大力倡议的观点。

金融危机期间，麻省理工学院教授、前 IMF 经济学家西蒙·约翰逊（Simon Johnson）坚持认为以花旗集团为首的大型银行应该予以分拆。约翰逊指出，这些超大型银行仅仅是在 90 年代中期才出现的，其中的一些银行则是在此次金融危机中的并购而诞生的。美国银行资产从 1.7 万亿美元增长至 2.3 万亿美元，部分是通过其对美林集团的并购；摩根大通通过收购贝尔斯登和华盛顿互助银行，使得其资产由 4 000 亿美元增加至 2 万亿美元。[12]

约翰逊提议通过设立银行的规模"硬上限"来将拆分金融巨人。按照约翰逊的方法，正如他和 James Kwak 所著的《13 个银行家》所述，商业银行的成长规模不应超过美国 GDP 的 4%，而投资银行的规模不应超过 2%——从 2009 年来看，则意味着商业银行和投资银行的资产分别不能超过 5 700 亿美元和 2 850 亿美元。对于那些喜爱冒风险的银行机构——如高盛，高度倚重其自营交易——约翰逊认为应该为其设定一个更低的上限。他认为，强制执行这些上限将打破金融服务行业的垄断格局。这将完成"罗斯福一个世纪以前开始的工作"，那时，罗斯福分拆了标准石油信托公司，"以强硬的立场面对垄断的金融势力，正如他对待产业垄断势力一样"。[13]

其他的路易斯主义者从富兰克林而不是罗斯福那儿获得灵感，罗斯福新政在 20 世纪初通过《格拉斯—斯蒂格尔法案》禁止银行同时经营投行业务和商业银行业务，成功分拆了摩根集团以及其他的货币托拉斯，这也启示了这些路易斯主义者们。危机前人们曾呼吁恢复在 1999 年已基本被撤销的《格拉斯—斯蒂格尔法案》，但直到英格兰银行行长 Mervyn King 实施了类似的政策，这些呼吁才被重视起来。King 认为，银行业的公共服务作用如吸收存款和支付服务应该由政府支持的商业银行来承担。这些银行应被禁止去从事自营交易。

对于不了解金融行业历史的人而言，他们对禁止商业银行从事自营业务等同于禁止商业银行从事投行业务的原因不是太清晰。自营业务何时与投行业务等同了？答案是：约 50 年前，它们基本等同。60 年代以前，商业银行主要承担了 King 所说的公共服务，而投资银行则承担了股票债券的销售以及对并购和其他交易提供咨询服务。伴随着 60 年代开始的对计算机的广泛使用以及金融经济学领域的革命（1973 年 Fischer Black 和 Myron Scholes 提出的 Black – Scholes 期权定价模型），自营交易对投资银行的业绩日益重要。自营交易成为投行最为盈利的业务，也成为了大型商业银行以及混业银行（如摩根大通）的业绩支撑点。隔绝传统银行服务和自营交易迫使银行在商业银行（J. P. 摩根 30 年代作出的选择）和投资银行（J. P. 摩根的分拆摩根士丹利选择的方向）之间作出抉择。[14]

不难看出政府当局对路易斯主义者的愤怒。由于财长盖特纳——致力于 2008 年政府救助——负责制定和完善立法，倾向于统合主义的思路已成定调——特别是在奥巴马总统强力支持的情况下。

尽管存在冲突，奥巴马当局被迫对路易斯主义者作出三点让步。第一点且最重要的一点就是沃尔克规则，即 Mervyn King 提出的关于公用事业和自营业务的区别。2009 年，当保罗·沃尔克倡议国会禁止商业银行进行自营交易和投资共同基金和对冲基金时，奥巴马当局的官员无人在听（如第三章所述）。盖特纳和他的财政部官员从不热衷于这一观念，但是它成为了《多德—弗兰克法案》的一部分。

在沃尔克规则生效时，它宣布商业银行不得进行自营交易，也不可以"获得、持有对冲基金或共同基金的股权、合作关系或所有者收益"。商业银行（银行实体，法案中的专业术语）的定义不仅涵盖了从事商业银行业务的经营实体，还包括了任何组织架构中包含上述实体的公司。

到目前为止，这一规则听起来与沃尔克的概念是一样的。但是，它定义的不严谨——由于自营交易定义的弹性以及持有共同基金和对冲基金禁令的一些特殊例外——可能会使得该规则的实际实施效果发生变化。[15]

自营交易的定义似乎十分宽泛。唯一的除外条款则是一系列看起来没有危害性的交易，如政府和机构债券的交易（国库券）、做市（即承诺作为市场中某人的交易对手来买入或卖出证券）、对冲和代理客户交易。但这些除外条款允许了很大的人为操纵。例如，仅代理客户交易一项就经常是含糊不清的，而且做市和自营交易的界限也是不清晰的。对自营交易和非自营交易的创造性释义允许当前银行的大量业务继续经营。例如，甚至法案在生效之前，《华尔街日报》就曾报道，"那些希望通过自营交易增加利润的银行正在寻找自营交易的新身份"。据这篇文章而言，花旗集团的可能应对策略是将约两打的自营交易商描述成是代理公司客户交易，他们可以进行与以前一样的交易，只需说明这些交易是代理客户进行的。正如优秀的衍生品交易员 Janet Tavakoli 在接受《纽约时报》采访时所言："你可以用代理客户交易涵盖你所做的几乎任何事情。"[16]

对沃尔克规则第二部分的主要偏离却被写入了法案本身中去。银行对对冲基金和共同基金的投资被视做是"微量条款"，当银行对基金的投资不超过3%且总收益不超过其核心资本的3%，则银行可以规避禁令（这里的专业术语是一级资本，代替了比银行一级资本范围更窄的"有形净值"，这一标准对银行作出了一些让步）。大部分商业银行能够满足3%的限制而不需要剥离部分资产。

对沃尔克规则的削弱并不意味着这一约束毫无作用——只是它的作用与沃尔克本人预期的不一样而已。高盛和摩根士丹利是沃尔克规则约束最快最有效的两家银行，这两家投资银行在2008年秋天时接受了美联储的救助，变身为银行控股公司，这样它们就可以在危机最为严重的时候接受美联储的贷款。这两家银行投资于共同基金和对冲基金的比例远远超过了3%的临界值。沃尔克规则带给它们的窘境则是它们不曾料想到的结果，尽管它们并非真正的商业银行。

一些观察家预测高盛将会放弃其银行控股公司身份以规避沃尔克规则（如果高盛并非银行控股公司，就不满足沃尔克规则所设定的"银行实体"，因为它并不经营任何商业银行业务）。然而，高盛和摩根士丹利一样，最初的反应是剥离部分自营交易的业务。然而，这两家银行基本不可能实质性地减少交易规模。例如，有一则讲述摩根士丹利减少对"front‐point partner"这只对冲基金股权的新闻说道："沃尔克规则并不是摩根士丹利减少股权的主要原因。"目前更紧迫的问题是"这项交易……并不像预期那样盈利"。[17]

对路易斯主义者的第二个让步类似于沃尔克规则，来自参议员 Blanche Lincoln 提出的修订案。在其最初的定义中，Lincoln 修订案禁止商业银行或拥有商业银行的控股公司从事任何互换交易。参议员 Lincoln 特别关注的是，禁止这些可以接受政府通过存款保险和向美联储的借款权来进行资本补充的商业银行利用政府的资金进行衍生品投机。在其最宽泛的定义中，她的修订案不仅禁止银行控股公司附属的商业银行子机构进行衍生品交易；它还禁止其他所有子机构进行衍生品交易。

当法案实际实施的时候，这些限定已不再严格。尽管商业银行自身不能进行互换交易，它可以设立一个子公司来进行衍生品交易。这一规则的周密做法，即被专家称为"互换拆出"条款，比我想象的更为巧妙。实际上，这个规则并不禁止从事衍生品交易；衍生品交易商没有资格享受联邦资金的支持。如果禁令中没有这一条款，那么银行及其附属机构将会远离衍生品交易，因为它们不能承受不向美联储融资的成本。但是，规则表明，如果银行子机构而不是银行本身进行互换交易，那么银行还可以向美联储融资——这就是"互换拆出"条款。这样，这一条款就无法阻止大型银行控股公司如花旗集团进行衍生品交易；花旗集团只需将衍生品交易剥离给其子机构实施即可。

银行并不喜欢这个规则，因为它提高了衍生品交易的成本（因为从事衍生品交易的子公司需服从单独而严格的资本金要求，这会降低它们整体利润）。尽管银行反对，但政策的态度是明晰的：没有理由让花旗银行或其他的大型银行使用政府的支持资金来进行衍生品交易。但是，由于这些大型银行仍可以进行衍生品交易，这个新规则无法迫使它们降低规模。

对路易斯主义者的最后一个让步是，原则上同意西蒙·约翰逊提出对系统重要性银行和其他金融机构实施规模的限制。《多德—弗兰克法案》表明并购企业的规模超过整个金融服务行业负债的 10% 以上，那么此项并购不得进行。如果这项集中度限制指标是个绝对的禁令，那么它可能会对大型金融机构的发展起到限制。它不会强制大型金融机构缩减规模，只要它们的扩张是通过内在增长实现的。但是，10% 的限制会让金融机构失去通过并购实现扩张的能力，这是对"巨无霸"企业的原则路线——从一个世纪前的约翰·D. 洛克菲勒、科尼利尔斯·范德比尔特到 20 世纪 80 年代的花旗集团和 90 年代的美国国际集团（AIG）。[18]

但这 10% 的集中度限制有一个很大的例外。如果系统重要性金融机构正在收购一个破产或有破产风险的银行或者联邦存款保险公司参与到该项交易中，那么这项禁令将被取消。对于银行和其他金融机构，破产并购是较为常见的并购（在第七章中，这类交易将会因这项新政策而扩张）。这 10% 的限制不会阻止危机期间摩根大通收购华盛顿互助银行和美国富国银行收购美联银行。

除了本文讨论过的路易斯主义让步之外，新法案还要求监管机构在"金融稳定"受到严重威胁时，采取特殊措施。在这一条款下，只要金融稳定监督委员会中超过三分之二票同意，美联储就可以限制某一公司兼并或收购另一个公司，限制或禁止其推出特殊的金融产品，强制其"停止一项或多项经营活动"，甚至强制其售卖部分业务。[19]但是，这些权力在现实的可预见的市场环境下不太可能被运用。更多的是，这些权力将被视做美联储处理花旗银行和其他系统重要性金融机构关系的一种威胁。

路易斯主义让步意味着什么？

政府为保证《多德—弗兰克法案》得以通过而对路易斯主义作出的几点让步并非不重要。沃尔克规则对大型银行和银行控股公司的复杂监管，这在高盛、摩根士丹利和其他银行重新包装自营交易而手忙脚乱时已非常显著。集中度的限制影响广泛，它将会干预大型金融机构的一些并购。但是，没有理由可以相信这些大型金融机构将会开始变小。

大型金融机构可以确定的是，《多德—弗兰克法案》不会干预它们的市场地位。这是因为在很大程度上，这些法案的细节都是由监管机构决定的。是这些监管机构来决定对系统重要性金融机构的资本管制应该有多严格，沃尔克规则应该如何实施。监管机构还将决定如何对非银行金融机构实施科林斯修订案中的杠杆率约束。而且，这些规则的完全生效得在两三年之后。

由于路易斯主义让步非常倚重监管机构去自主实施，这些让步很难在实际意义上来缩小大型金融机构的规模。而且，这将加深监管机构和大型金融机构的合作。一个新法案，要求监管机构去禁止具有风险性的经理人员报酬方式，也具备着类似的效应。多亏了《多德—弗兰克法案》，财政部和其他监管机构现在多了与华尔街谈判的新筹码。[20]

即使监管机构利用杠杆率去降低风险承担和减少系统重要性金融机构破产的可能性，政府当局与这些金融机构的合作也会出现两个麻烦的结果。第一点上文已经叙述：由于房利美效应，被划分为系统重要性的金融机构会扭曲借贷市场。由于这些机构可以比那些不能享受政府保护的金融机构以更低的成本融资，它们会比小金融机构更具有竞争优势。这不利于金融体系的创新，会导致对非金融企业信贷的无效配置。

第二点就是监管机构会出于政治目的而不是经济考虑来运用其与大型金融机构的合作关系。奥巴马当局对克莱斯勒公司的救助已预见了这种可能性。正如第二章所述，政府设计了这项交易，如果菲亚特公司愿意在美国推出节能汽车，那么政府将给它非常大的股权，这样就推动了政府当局的政策目标。《多德—弗兰克法案》不仅招致了政治目的和经济目的的结合，它还直接地微妙地推动了结合。

少数民族和妇女共融办公室

《多德—弗兰克法案》的核心是美国金融监管中的新型政府银行合作关系。这个法案要求每个金融监管机构设立少数民族和妇女共融办公室。美联储、财政部、证券交易委员会、商品期货交易委员会和其他所有的监管机构必须设立这样一个办公室。在每个机构中，新办公室可以督察所有的金融服务监管机构以确保机构雇佣了足够数量的妇女及少数民族。

这本身是一种笼统的任务，但也是一种保守的和潜在的理想之一。这个办公室的任务也许会进一步发展。它们监督每一个与金融服务监管机构签订合约的市场主体。由于每一个大型银行以这种或那种方式与政府签订合约——去管理资产救助计划基金中的资产，例如，帮助拍卖政府债券——这个条款等同于将系统重要性金融机构（和其他许多公司）纳入一个或多个少数民族和妇女共融办公室的监管范围。

由于少数民族和妇女共融办公室的设立目的在于实现监管的多样化，这可以算出系统重要性金融机构中妇女和少数民族董事经理的个数。通过威胁取消合同，少数民族和妇女共融办公室可以迫使董事局按照他们要求的席位比例选择决策人——至少这个新的领导层不会因为违宪而被高等法院撤销。

多样化是一个非常重要的问题。但是通过政府和私人企业的这种合作关系来追求这一目标是一个危险的策略，这可能会进一步将政治因素注入到监管和大型金融机构的运作中去。

政府—银行合作关系制度化

《多德—弗兰克法案》通过各种方式将政治政策融入银行监管中去。在这点上，也许最为重要也最少被讨论的是新法案赋予财政部，这个众多监管机构中政治味最浓的部门以众多新的权力。财政部长被任命为金融稳定监督委员会的主席，同时，《多德—弗兰克法案》要求财政部设立新的研究机构金融研究办公室。不像美联储、证券交易委员会这些完全独立的部门，财政部受约束于行政机关，往往将总统的政治意图载入其对大型金融机构的监管中，在选举年前夕尤其如此。因此，《多德—弗兰克法案》实质上让政府倚重于系统重要性金融机构，将政策意图灌入它们的经营活动中。

更为普遍的是，《多德—弗兰克法案》授予监管机构很大自主权去执行上文讨论的法案条款，这样使得政府通过大型金融机构这一渠道实施其政治政策。例如，假设监管机构正在思量花旗的银行家们是否进行了自营交易时，而恰在此时，政府对大型石油公司或军火制造商非常不满。

那么，不难想象，花旗的经理们最好减少对这些不受政府欢迎的行业的贷款以期得到监管机构在决定它是否需要遵守沃尔克规则方面呈宽恕态度。其他很多条款也会给予监管机构同样的优势来经营与大型金融机构的合作关系。

一个快乐的故事

也许我过于悲观了。我也可以想象出《多德—弗兰克法案》美好的一面，正如广大的读者所想象的那样。假设美联储、财政部、新委员会和其他监管机构强力执行《多德—弗兰克法案》，这当然是在它们对危机的记忆还未淡去之前才是可能的。通过对大型金融机构实施严格的资本金要求，监管机构或许可以降低房利美效应的风险。如果它们乐意去执行沃尔克规则，那么大型银行的规模也许会真正变小，至少会变小一点。如果所有的互换交易都转变为清算和交易等业务，那么小型金融机构将有机会从事衍生品交易，正如新政后的存款保险带给它们中的存款一样。这样，华尔街就会多一点竞争，少一点垄断。

这些在理论上是行得通的，但在实际中是绝不可能发生的。正如早先讨论的，监管机构不可能实施非常严格的资本金要求去削弱系统重要性金融机构的竞争优势。这些机构也可以宣称高资本金要求将损其利益迫使它们将这些业务转至海外；它们还可以宣称高资本金标准将会削弱它们向美国企业贷款的动力。

沃尔克规则的情况类似。自营业务与其他业务联系过于紧密，这决定了沃尔克规则不是一个很好的监管方针。国外的监管机构并不愿意去实施类似的监管。许多国家在大萧条时期并没有紧随美国分业经营的做法，它们混业经营的历史很长，不愿去改变。因此，美国系统重要性金融机构认为如果监管机构过于严格地执行沃尔克规则，那么它们将自营业务转至海外。

也无证据表明政府当局意图缩减大型金融机构的规模。例如，在《多德—弗兰克法案》生效的一个月后，财长盖特纳在一次重要的演讲中详细地谈论到，"新资本标准能约束大型金融机构的风险承担以及杠杆率"，但他完全没有提及沃尔克规则以及其他路易斯主义让步条款。[21] 因此，大银行和其他垄断金融机构仍将保持着大的规模。监管机构不会去迫使大型金融机构缩减资产规模或真正放弃衍生品及其他金融创新产品，取而代之的是，监管机构将会用它们的权力作为与大型金融机构谈判的筹码。

回购协议的隐忧

《多德—弗兰克法案》后建立的监管框架仍存在着多种不同形式的危险。正如人们所见，法律制定者挑选大型金融机构并实施高资本金标准，努力去限制它们带来的系统性风险。新法案还制定了杠杆率限制。但是，法律制定者们忽视了一个重要的从未考虑到的风险源：投资银行过度依赖超短期回购协议进行融资。

贝尔斯登和雷曼兄弟目睹了它们的流动性——通过融资获取的足够现金——在回购协议的买方拒绝进行资金融通时迅速蒸发消失。在进行回购协议融资时，如贝尔斯登或雷曼兄弟类的借款者向出借人出售证券（从国库券到抵押证券等各类型证券）并承诺到期以更高的价格买回。其中的价差就如同贷款的利息。回购交易一般期限较短，这部分是因为多数出借人——回购协议的买方——是不允许持有长期负债的货币市场基金。危机期间，回购协议的期限往往只有 24 小时。这就意味着贝尔斯登、雷曼兄弟和其他借款者每天不得不翻新债务，也可能会立即丧失资金来源。

经济学家 Gary Gorton 将回购市场的不稳定效应与新政之前银行业经营引起的美国金融业灾难相比较。正如恐慌的存款者大量提现会导致具有清偿能力的银行破产一样，回购协议的购买者对回购市场信心的丧失会导致具有清偿能力的金融机构破产。Gorton 认为政府应该像解决存款问题一样来解决回购市场的问题，即政府担保。这个解决措施的成本是巨大的，Gorton 似乎认为确保金融市场的规模，特别是回购市场，在总体上保持危机前的水平是十分重要的。[22]

众多限制条款如要求回购协议的期限超过一天或对短期债务的使用

征收流动性税收比较现实可行。如第九章中讨论的变更企业破产清算衍生品的方式，也许会在某种程度上削弱银行过度依靠回购融资的现状。

但是，《多德—弗兰克法案》基本忽视了回购协议的问题。在唯一提到回购融资蕴涵风险的条款中说明，美联储可以对系统重要性金融机构短期融资的额度进行限制，并呼吁对短期融资进行研究。[23]美联储的融资权限似乎已拓展至回购协议，出现这些问题时唯一的解决途径也许就是更大规模的救市了。因为无法有效解决大型非银行金融机构容易丧失融资的风险，这就解释了为何法案中的解决方案显得十分重要。这些条款细节将在第七、八章进行详述。但在转向解决方案之前，本文将先讨论新法案中最不可思议的地方：消费者金融保护局。

第六章　无论如何都不安全

圣经谚语有云："匠人们所抛弃的石头已变成基石。"[1]意思是一种出乎意料之外的胜利。若说《多德—弗兰克法案》有符合这一谚语深意的部分，那就是其中新成立的消费者金融保护局。华盛顿的官员一直认为它将会被撤销或至少无法发挥作用。在我 2010 年 1 月参加的一个两党工作会上，一位立法专家指出总统的改革演讲中并没有提到消费者金融保护局（它仍被视做一个机构），他意味着政府将撤销这个机构。但是，消费者金融保护局竟然存活下来，而且比任何人预期的更加独立和重要。

在《多德—弗兰克法案》之前，抵押贷款、信用卡和其他金融问题的消费者保护一直引起众多监管机构和执法者的关注。主要的职责是赋予美联储的，但联邦贸易委员会也拥有许多执法权力，货币监理长情况类似。问题不是在于人多手杂，没有效率，而是在于没有人去监管。当人们在新世纪伊始普遍抱怨次债市场中的掠夺性贷款时，美联储却犹豫不决，在这十年里几乎无所作为。巴尼·弗兰克非常反感美联储的无作为，并威胁说要推动国会绕过美联储直接立法。甚至本·伯南克也承认美联储没有胜任这项工作，并承诺将改进这项工作。

消费者金融保护局成为美联储的一员后，从这个层面上来讲，美联储应该会这样做。但消费者金融保护局非常独立，权力甚大，几乎可以完全独立进行决策。实际上，这个新成立的消费者金融保护局在美联储之外有着自己的办公大楼。

消费者金融保护局是政府较为伟大的创新之一。它是由顶级学者，而不是众多学术观点综合，推动并付诸实践的立法创新。正如第三章所述，哈佛大学法学教授伊丽莎白·沃伦在其 2007 年发表的一个短篇论文中提出的这一观点，并在她与别人合著的文章中进一步进行了详细的分析。[2]因此，消费者金融保护局的立法蓝图似乎是从这两篇文章中演化而出。[3]

基本框架

此处简述一下本文将探讨的一些关键点：

- 美联储的消费者金融保护局。
- 局长是总统任命并经议会通过。
  - 5 年任期，只可因过失而去职。
  - 金融稳定监督委员会选票委员。
- 范围：抵押贷款、信用卡、消费者金融的其他方面。
- 广泛权力：
  - 出于系统性风险考虑的规则制定。
- 资金：联邦储备预算的 10%～12%。
  - 当前估计：5 亿美元。

如上文所述，消费者金融保护局仅为美联储的名义组成机构，但美联储对消费者金融保护局的日常运作和监管并没有实际的控制权。

消费者金融保护局的局长任命和其他部门主管的任命一样，是由议员提议并由总统直接任命。局长任期是 5 年，总统、美联储及其他任何人无权撤销其职务，除非他因故去职。

尽管保护局的职权范围已扩展至消费者金融交易的多个方面，如典当行和短期现金贷款经营，但其监管核心范围是信用卡和抵押贷款。在这些监管范围内，保护局全权监管。除了后文涉及的一些例外情况，保护局可以颁布新规则、举行听证会以及提出诉讼以保护消费者的利益。

理论上讲，其他金融监管机构有权力监管保护局的规则制定。但是，需经金融稳定监督委员会三分之二以上委员一致认为保护局所制定的规则已经威胁到银行业或全国金融业的稳定，才可以撤销保护局业已生效的规则。

金融保护局需依靠美联储对它的融资。它的资金来自美联储的一般拨款。新法案要求美联储 2011 年给予保护局 10% 的预算资金，2012 年为

11%，2013 年及随后的年份为 12%。这些百分比是融资的上限而非下限。但美联储至少在开始的这段时期中给予保护局大部分的资金。为了确保保护局的资金充裕，新法案规定，如果消费者金融保护局资金不足，允许局长每年向国会获取 2 亿美元的资金。

由于消费者金融保护局始于伊丽莎白·沃伦，本文也从对她的讨论开始。考察沃伦的事业生涯，就可以概括出新消费者金融保护局的结构和权力，它是如何起作用且会产生什么影响。然后再思考一下奥巴马总统未经正常提名程序而直接任命沃伦为保护局的实际领导人的行为给保护局的成立带来的不确定性。除了作为《多德—弗兰克法案》的组成部分以外，这个新成立的消费者金融保护局还成为了监管前章所讨论的系统重要性银行的砝码之一。

伊丽莎白·沃伦（Elizabeth Warren）是谁?

问"伊丽莎白·沃伦是谁?"这个问题似乎显得十分的不必要。作为美国目前最知名的法律专家，在目前的所有的公开数据中，沃伦排名都非常高。当我刚开始写出这些文字时，有一个在 YouTube 上广为流传的视频，它们将沃伦描述成监管华尔街的一个法官，讲述了报纸和网络媒体所介绍她的日常事迹，她已无人不知。

但仍有些人不熟悉沃伦迅速成为公众焦点的背景故事。作为一个破产专家，沃伦与 William O. Douglas 的职业路径相似，后者是耶鲁大学法律学院的教授，担任美国证券交易委员会主席和最高法院法官 30 多年，在 1944 年与富兰克林·罗斯福政见不同。十年前，一位学者写道：

当前最前沿的学者是伊丽莎白·沃伦，与道格拉斯一样，沃伦公开反对实证数据的缺乏，并坚持解决这个问题以及通过实证工作来提供有益的建议。在谈及道格拉斯的方法时，她宣称没有数据的辩论是毫无意义的工作，无始无终。[4]

这段引言（在写下它的时候，我已经十分熟悉）指出了沃伦学术工作的重心。与道格拉斯这位在成为公众人物之前致力于实证研究的学者相似，沃伦也一直致力于数据的收集和分析。

　　尽管实证分析现在已成为主流学术的一种基本方法（与道格拉斯时代一样），它在 20 世纪 80 年代早期并不常见，也就是当沃伦和另外两个合作人——Teresa Sullivan 和 Jay Westbrook——开始他们对消费者破产研究并创作出了 1989 年出版的《原谅我们的债务人》一书的时候。他们基于得克萨斯州、宾夕法尼亚州和伊利诺伊州的 10 个法院收藏的 1 547 份案例的分析，发现破产的美国民众比那些人为破产的人债务更多而收入更低；更惊人的是，这些破产者并不全是那些从事收入低、社会地位低的职业的人。沃伦和她的合作者们进一步跟踪这些发现并进行研究，然后在 2000 年出版了《脆弱的美国中产阶级》一书。在其他方面，他们还发现登记破产的消费者主要是因为失业、离婚或健康问题。[5]

　　沃伦的第一本畅销书是她与她女儿合写的《双收入家庭陷阱》。这本书基于她收集的破产数据和其他数据，记述了从 1970 年到 2000 年生活、住房和其他支出的变化，并得出许多美国家庭需要两份工作才能维持他们的中产阶级地位的结论。他们是远离危机的关键。这本书在 2004 年引起了参加总统竞选的 John Edward 的注意，并在华盛顿的政界大力推广。[6]

　　除了统计和收集数据，沃伦事业生涯的另一特征是倡议。从她早期的事业中可以看出这点。她写了一篇论文来反对一项由信用卡公司支持的学术研究，这项研究认为许多等级为破产的消费借款者是具有部分还债能力的。她和她的同事认为，这项研究"缺乏专业分析，问题的提出没有价值，数据的收集不正确，错误地分析数据并在数据分析时施加了偏颇的错误的干预"。她的著作及随后的论文仍然以强烈批评贷款人特别是那些信用卡公司来维护消费者借款人。[7]

　　尽管沃伦自一开始就清晰阐述了她的观点，但是，她成为公众倡议者却是因为她在全国破产审查委员会工作过，这个委员会是国会于 1994 年设立的，旨在研究美国破产和提出改革方案。消费信贷公司的代表们也经常参加委员会会议及听证会。他们对委员会消费信贷的相关提议并不满意，因为这些提议更像是沃伦的想法而不是他们的想法。例如，这些贷款者会要求限制第 7 章条款赋予借款者的权利，这些权利会免除他们的债务，贷款者要求遵循第 13 章条款，这些条款则要求借款人承诺在 3～5 年内偿还欠款。为保护借款者的自由选择权，委员会摒弃了贷款者的建议。在 1997 年的早些时候，为了拖延委员会手中的研究成果，消费信贷公司力劝国会尽快通过破产改革法案，以免委员会的调研成果在法案通过前递呈给国会。

在这项立法提案的辩论中，伊丽莎白·沃伦以一个捍卫消费借款者的姿态出现。这场提案最终引致了 2005 年的破产改革。在这八年的辩论中，伊丽莎白·沃伦不断对法案提出批评，其观点也经常出现在报纸专栏上。她的研究数据显示女性占破产者的比重与日俱增，因此，她谴责这项法案是反女性的，且会使得破产更难、成本更高。一篇调查破产专家在立法辩论期间所作出的公开言论的论文表明，大量的公开言论都引用了沃伦的成果，沃伦已让人无法望其项背（乔治梅森大学的破产专家 Todd Zywicki 作为少数维护信用卡公司及相应立法的专家之一，在研究破产领域排名第二，但与伊丽莎白·沃伦的名望相距甚远）。[8]

这些就是伊丽莎白·沃伦在 2007 年发表的著名文章"无论如何都不安全"的相关背景。一定年纪的美国人马上会发现这篇文章的题目类似于拉尔夫·纳德（Ralph Nader）1965 年的名作《无论什么速度都不安全》，拉尔夫·纳德是倡导维护消费者权益的先驱。正如纳德的著作以及他所参加的旨在抗议通用集团所制造的汽车将消费者置于不必要的风险之中的运动，沃伦的文章谴责信用卡公司利用"诡计和陷阱"，牺牲消费者利益来盈利。[9]

烤箱和信用卡

这篇文章的中心思想就是有效监管的烤箱与非有效监管的消费者融资之间的比较。"你不会去购买一个有五分之一可能失火并烧毁房子的烤箱"，沃伦说道，"但你可能会给一个有五分之一概率破产的家庭贷款融资（却没作任何提示）。类似地，"她继续道，"烤箱一经购买，其价格就无法再变。但一旦签署了协议，为购买烤箱而进行融资的价格也许会上升 3 倍。"沃伦问道，为何消费者在购买烤箱时能受到保护，而签署协议使用抵押贷款和信用卡这些日常金融产品时却无法受到保护？[10]

沃伦认为问题的答案在于美国消费品安全委员会对消费品实施了很

好的监管，而抵押贷款和信用卡是被无法适应市场变化的联邦法律和州法律联合监管的。她认为合理的解决方法是建立一个机构，能在抵押贷款和信用卡方面为消费者提供类似于购买烤箱和其他家用电器时的相关保护。这样的机构通过保证进入信贷市场的消费者所购买的产品能达到最低限度的安全标准，从而促进了自由竞争市场的福利。[11]

在接下来的一年中，沃伦和纽约大学的法律教授 Oren Bar – Gill 共同提出了一个更为详细和更具学术性的观点。在这篇文章中，他们二人调查研究了关于信用卡使用的一系列数据。根据行为经济学——探讨认知的偏差扭曲消费者的理性选择，他们认为新的披露要求并不足以保护消费者。例如，消费者经常会低估他们失去未来支付的可能性，仅仅要求贷款人披露潜在的费用是不够的。当前的监管机构也无法充分保障消费者的利益。银行对消费者索价过高，而美联储出于对银行业金融安全的担忧，面临着利益冲突的两难选择；其他相关监管机构也面临着同样的两难，只好限制权力或者放松监管。由于联邦和州对银行业监管的分割，使得金融机构能够嘲弄一个个监管机构。消费者需要一个新的无冲突的监管机构来保障他们的权益。[12]

随着《多德—弗兰克法案》的通过，消费者将得到他们想要的。

消费者金融保护局

尽管作为美联储的一部分，至少名义上是——消费者金融保护局本质上是一个独立的执行机关。局长是由总统提名，参议院同意，任期为5年。一经任命，局长在任期前不得被废除，除非他因过失辞职。局长也是金融稳定委员会的成员。[13]

消费者金融保护局的主要工作重心是前文已经讨论的抵押贷款和信用卡，但从技术上来讲，其监管范围比这要宽泛（在一些方面也会受到限制）。该局可以监管任何"提供金融产品和服务"的人员。消费者金融产品和服务包括扩大信贷和贷款服务、地产租赁及代理租赁、提供金融咨询服务等。排除在保护局监管范围之外的主要包括保险、报税和员工福利计划。最重要的是将汽车贷款排除在监管范围之外，尽管汽车贷款关乎到许多消费者的主要利益，但汽车业极力劝说国会将汽车贷款排除在保护局的监管范围外。但任何提供"金融产品或服务"及不在监管范围外的人有责任向消费者金融保护局说明情况。这主要包括贷款人和信用卡公司以及典当行和发薪日贷款。[14]

为了给消费者金融保护局开路，这项立法将一系列权力从《多德—弗兰克法案》前的监管机构处转移给新的消费者权利捍卫者。这项法案收回了美联储和其他各类监管机构的保护消费者权益的职能以及美国联邦贸易委员会所属的部分重要权力。[15]

同样重要的是，法案保证消费者金融保护局的资金与其职权范围相匹配，至少在开始之时是。新法案要求美联储2011年给予保护局10%的预算资金，2012年为11%，2013年及随后的年份为12%，第一年的比例意味着约5亿美元。而且，如果局长觉得保护局资金不足并向总统、参议院和白宫提交相关报告，则消费者金融保护局就可以在2010年到2014年间每年额外获得2亿美元。[16]

法案中需要特别关注的地方是指出了需要特殊对待大型金融机构，《多德—弗兰克法案》在保护消费者方面赋予了消费者金融保护局独有的权力以监管资产在100亿美元以上的金融机构，但未赋予其监管小型银行的权力。在实施过程中，这些差异更加明显。尽管保护局对大型金融机构监管权力较大，但对小型金融机构监管权力较小。这一区别是对社区银行利益的一个让步，会显著地削弱保护局的监管范围。但它使得消费者金融保护局能专注于法案的其他地方涉及的银行。[17]

正如我所提示的，消费者金融保护局的权力十分广泛。它具有规则制定的权力——这意味着在消费者权益保护法律的合法范围内，它有权自行颁布新规则。《多德—弗兰克法案》最终生效前的核心问题是美联储和其他监管机构是否有权力去废止消费者金融保护局提出的规则方案。除非在特殊情况下，这些监管机构无权这样做。只有当金融稳定监督委员会的三分之二以上委员认为法案的实施会危及"美国银行业的安全或者美国金融体系的稳定"，才可以将消费者金融保护局提出的法案废止。[18]

除了规则制定权力，消费者金融保护局还具有作为一个主要监管机构应有的监管权力。它可以召开听证会，通过民事诉讼来强制执行消费者保护法。这些权力使得消费者金融保护局成为了一种可以依靠的监管力量。[19]

除了授予一般性的监管权力，《多德—弗兰克法案》还准许消费者金融保护局为消费者信贷提供"标准格式"。该条款源自于立法辩论期间的广泛争议。在法案的最初草案中，消费者金融保护局有权要求贷款公司和信用卡公司为客户提供"普通"贷款协议，以备消费者选择。这项提案因遭到消费信贷公司的强烈反对而受到削弱。生效的条款仅允许消费者金融保护局为贷款提供标准格式，但保护局无权强制要求贷款公司给予这些标准格式签订协议。[20]

对消费者金融保护局职权的另一个限制与利率相关。由于1978年联邦最高法院决定贷款利率由信用卡公司所在的州而不是由消费者所在的州进行监管，因此，在美国的任一个州，信用卡公司贷款时可以标出非常高的利率。在法院的这个决定后，信用卡公司全部迁到了监管最弱的州——最初是南达科他州和特拉华州。像威斯康星州这样立法限制高利贷的州——法律禁止高利贷款，基本没有谈论市民可以支付的起的利率。许多学者（包括我）呼吁立法废止这一规则，准许每个州对市民面临的利率实施监管。当然，那些大消费贷款机构坚决反对。《多德—弗兰克法案》与贷款机构保持了一致，声明："本法案并不授权消费者金融保护局建立一个利率限制……除非法律特别授权。"该法案是否会阻碍其他类似的措施，如监管要基于消费者的住处而不是信用卡公司的注册地，在一开始就只是大家的猜测。[21]

抵押贷款经纪人和资产证券化规则

尽管消费者金融保护局是保护消费者权益行动的核心所在，但《多德—弗兰克法案》还包含了其他改革措施以补充消费者权益保护政策。

改革的前一部分是关注抵押贷款的发起人——抵押贷款经纪人或者其他从事抵押贷款的专业人士。对于抵押贷款经纪人有激励引导消费者进行高价抵押贷款的情况，法案规定，高价贷款带给经纪人的收益高于低价贷款带来的收益这一行为是非法的。抵押贷款经纪人的报酬不得与贷款的成本相关。法案还要求美联储制定新规则以防止经纪人引导消费者进行无力偿还的贷款。[22]

另一部分改革不是限制消费者的交易，而是关注房地产泡沫期间抵押贷款的出售和重新打包过程——资产证券化的缺陷。银行或贷款机构贷款后，它们迅速出售贷款，而不是如三四十年前那样持有贷款收取利息。贷款购买者一般是投资银行设立的一个特殊实体（特殊目的公司或特殊目的实体）。简单来说，购买贷款的资金来自于投资者，这些投资者购买特殊目的机构发行的证券（这些证券经常分为不同的风险等级）作为他们投资的回报。当（或如果）家庭户主偿还贷款，所偿还资金的大部分用于支付投资者的证券。通过这种方法，投行可以借助资产证券化获取回报。

尽管资产证券化有诸多优点，如可以减少银行持有全部抵押贷款所面临的风险，但是，对于准备立即出售抵押贷款的银行和贷款机构而言，它们没有激励机制去监督借款人。有研究表明，已经证券化的贷款比贷款机构自行持有的违约率要高10%～25%。[23]

《多德—弗兰克法案》要求证券委员会及银行监管机构制定规则，来要求证券化人——最初的投资银行——自留至少5%的交易风险。监管机构还需要颁布规章制度在证券化者和发起人之间划分风险自留责任。这一机理在于一旦贷款机构自身利益与它们发放的抵押贷款相关，它们会更加仔细小心地发放贷款。这一要求不会运用到合格住房抵押贷款中去——在该条款被证券委员会和银行监督管理机构定义实施后。[24]

这些改革都旨在重塑原有的那些导致金融危机的激励制度。这些证券化的问题本应该由市场主体所解决，因为鼓励贷款人仔细审查借款者有利于投资银行和投资者的利益尤其是现在房地产泡沫破灭。但中间商引导房屋所有者办理高成本的抵押贷款的模式仍将持续，因为这种做法有利于贷款机构和中间商——以消费者的利益为代价。

结局：消费者金融保护局给我们什么样的预期？

从长期看来消费者金融保护局是否重要主要依赖于它是否很快地成

为一个重要的监管机构。在历史上，美国证券交易委员会与之相似。本文先从证券交易委员会开始，转而讨论金融保护局对消费信贷市场的可能的影响。

证券交易委员会成立于1934年，监管股票和债券市场以维护散户投资者、消费者的利益。罗斯福总统最初是想将这一监管职责交给联邦贸易委员会，该委员会主要是由可信赖的新政成员组成。为缓和保守派的反对，政府当局决定创设证券交易委员会。罗斯福总统将联邦贸易委员会的委员调至新成立的证券交易委员会，并任命了一个强势的首任主席：约瑟夫·肯尼迪。肯尼迪立即成立了证券交易委员会的政治构架，并设立了一些强势的运作规则。[25]

尽管伊丽莎白·沃伦的出任并不惊人，这是由于消费者金融保护局出自她的观点，但是，她会如她的前辈一样，推动着金融保护局向前发展。当然，这不意味着消费者金融保护局将一直成为人才济济的主要监管机构。美国证券交易委员会就亲身经历了监管机构的跌宕起伏：20世纪50年代和最近这些年，证券交易委员会就感受到了作为监管机构的沮丧和无所作为。在每个事件中，资金不足似乎总是问题的关键。

尽管法案承诺为消费者金融保护局的成立提供充足的资金，但这些承诺的资金只维持到2014年。毫无疑问，美联储将减少提供给消费者金融保护局的资金，特别是在两者的工作目标并不相同的情况下。

但这些是在将来发生的。保护局在成立期间保持了高调的姿态，并且有一位非常积极的领导，用5亿美元资金来实践她对消费信贷市场的方针，尽可能地保护美国的普通百姓的利益。这会有什么样的影响呢？

在自身法规的指导下，保护局的初步计划是设立专门关注消费信贷市场风险的办公室以及在军事基地附近建立办公室等。保护局也会开始修订模型标准，在它的权力巅峰的时候，这些模型标准必将产生广泛的影响。它还可以调查贷款机构并要求提供信息，提起公诉等。调查及要求提供数据的权力也许是众多权力中最重要的一项。沃伦作为学者来寻找数据时，她并不受信用卡公司的欢迎。但现在银行只能打开大门并就它们的业务实践回答问题。

有关消费者金融保护局最为关注的两个问题是它的监管是否会抑制

创新和提高消费者信贷的成本。沃伦对这些问题作出了一个机敏的回答。"区别好的创新和坏的创新非常重要，"2009 年她面对国会时答道：

想出几种窃取消费者利益从而增加公司收入的伎俩并不是好的创新。再说，物质产品的创新才是有用的。消费者金融保护局决不允许制造商们通过创新来减少隔离或者切断开关。安全是底线，因此烤箱制造商会以更低的价格提供更高质量的产品来竞争。[26]

第二个问题是新的法规会使得信用卡和抵押贷款更难以获取，正如沃伦在她的论文中指出的，这使得法规更像一种协议。例如沃伦在她的著作《双收入家庭陷阱》中谈及了利率管制，并推测到"信用较差或收入较低的家庭的信用额度仅限于房屋抵押，而且也不太可能将他们送至破产法庭。"类似地，如果信用卡公司的利率受到限制，"银行将努力去选择持卡人，只提供他们所能偿还的信用额度。"[27]

正如我们所见，消费者金融保护局无权限制利率。但是强有力的监管以及详尽的调查将对贷款机构产生类似的效应，敦促了贷款机构限制中低收入阶层的信用额度。如果信用的紧缩会导致消费者只借取他们能偿还的资金，那么这是值得付出的成本。如果这仅仅是一个收紧信用的做法，这将会引起公众的广泛关注。

对于许多较为富裕的消费者而言，这些消费者保护计划最可能发生的成本可能是优惠的逐渐消失，如满足飞机里数优惠的信用卡不收取年费和其他优惠等。这些优惠是由不能按月偿还借款的消费者支付的高利息和费用所维持的。

当然，我们不能确切地知道成本到底是多少。而且，这一答案还取决于消费者金融保护局的监管期限，这会因时而变。就现在而言，主要的问题是消费者金融保护局的做法是否是合法的。由于危机前这类保护是缺失的，答案显然是肯定的。

这并不意味着房屋购买者和资产较大的消费者全是受害者。许多处于困境中的人现在还得承担着还款责任。但目前仍没有有效监管沃伦称为"诡计和陷阱"的消费者借款的方法。

政府银行的伙伴关系意味着什么？

本文早先提到消费者金融保护局的主要监管是大型银行的贷款业务，这多亏了社区银行成功劝说国会将它们排除在消费者金融保护局的监管范围外。这意味着——就如同简单的立法过程一样——消费者金融保护局会监管第五章讨论的那些银行。

信贷市场结构肯定了系统重要性银行的中心地位，这与消费者金融保护局的职责是一致的。截至 2009 年 6 月 30 日，信用卡额度最多的四家银行分别是信用卡资金应收金额为 1 658.7 亿美元的摩根大通、1 508.2 亿美元的美国银行、1 025.4 亿美元的花旗银行和 781.6 亿美元的美国运通公司。摩根大通、美国银行、花旗和美国运通全在系统重要性银行的范围内。[28]

和第五章的沃尔克规则和集中度控制一样，消费者金融保护局反对《多德—弗兰克法案》对大银行的态度和"太大而不能倒"现象。消费者金融保护局与沃尔克规则不一样，并不是政府当局作出的让步，因为在很早之前政府当局就已在劳伦斯·萨默斯的敦促下认可了这项决定。蒂莫西·盖特纳毫不掩饰他对消费者金融保护局的反感，并一直在削弱它的力量。

我们有足够的理由相信消费者金融保护局不会像沃尔克规则那样运作。从第五章可以看到，沃尔克规则虽然旨在削弱大型银行的规模和能力，但事实上却加强了政府和银行的合作关系。而消费者金融保护局不会增强银行的能力，也不会强化政府银行的伙伴关系。不像《多德—弗兰克法案》的其他部分，消费者金融保护局是作为一种制衡力量出现的。它可以限制大型银行盈利策略。当然，消费者金融保护局在将来也许会失去作用。但是，它的目的是控制银行而不是简单地抑制它们。

消费者金融保护局的艰辛开端，使得它的权力职责错综复杂。由于银行界的强烈反对，沃伦可能无法担任保护局的局长，奥巴马总统可能会任命沃伦作为他的助手和财长盖特纳的特别咨询顾问，以此回避提名程序。但这不仅加深了公众对规避法规的担心，还限制了消费者金融保

护局最初的重要权力。因为沃伦不是实际上的领导人，她也就无法参加
金融稳定监督委员会，贷款机构很可能会不遵从沃伦早先提出的方案，
原因是这不会影响实际的保护局局长的决定。沃伦作为总统助手较之担
任名义局长丧失的独立性更多。但即使存在这些阻碍，较之以往的机构，
消费者金融保护局是个更强有力的倡议机构。

　　65 年前，罗斯福新政期间，人们认为有组织的工人是大型产业组织
的必要的制衡力量。在今天的金融服务行业，这一焦点转移至消费者和
他们新的捍卫者——消费者金融保护局身上。

第七章 银行业中的联邦
存款保险公司（解决机制Ⅰ）

2009 年 10 月，哈佛商学院的教授 David Moss 在国会听证会中作证时认为，解决大型金融机构财务困境的办法有三个：申请破产、申请财政援助和采取管理化的解决程序。Moss 指出，现在的好消息是，近些年来，联邦存款保险公司（FDIC）在对银行困境方面的解决机制还是很有效的。他总结到，现在我们需要做的就是将这种机制推广到系统重要性金融机构中，这些金融机构可以是银行、银行控股的公司，或者是其他的一些金融机构。我们需要这样的一个解决过程已经被证明是成功的，所以监管者不需要担心他们推广会失败。[1]

奥巴马政府同样也阐述道：他们拥有的解决这类大型金融机构问题的机制，并不是像外界批评的那样"为大型机构提供财政援助"，因为这毫无疑问将使得破产者受益。他们都认为，这个模型机制应该像 FDIC 解决普通银行危机问题的模型一样。盖特纳任命的在财政部中执行立法工作的部长助理 Michael Barr 这样解释说："我们提出解决系统重要性金融机构问题的机制，和之前国会通过的 FDIC 执行的机制几乎是一样的，而 FDIC 机制在过去四分之三个世纪里执行得很好，并被广泛推崇。"[2]

这个宣言既简单又充满吸引力。FDIC 在处理中小银行困境问题中做得相当好，原因也是显而易见的。但是 FDIC 的机制只适用于储蓄银行的一些附属机构，它并没有能力来解决银行控股公司、储蓄银行的分支机构或者其他类型金融机构面临的问题。拓展 FDIC 在解决这些大型金融机构问题的能力，将有助于填补这一块空白。这将是替代 2008 年紧急财政援助措施的一个最完美的方法。

许多经过深思熟虑的观察家都被这一类推所说服，大力提倡这一解决机制。FDIC 的类推模型真的那么吸引人吗？回答这个问题之前，我们需要检验一下它所暗含的一些假设条件：FDIC 在解决现有的普通银行问题中非常有效；FDIC 在新的解决机制中能发挥出原有对普通银行的作用；FDIC 在处理中小型银行困境的策略对大型机构同样有效。

正如你所猜到的，我们将在这一章中介绍 FDIC 类推的解决机制。在第八章中，我们更细致地考虑解决机制中的一些具体细节，特别是在系统重要性公司破产时是否需要采取紧急财政援助措施。

FDIC 在两个机制中发挥了同样的作用吗？

有观点认为原有的 FDIC 解决机制应该能为新的机制提供模板，我们从这个观点开始。为了做到这一点，我们需要从政府的 FDIC 模型中分离出它的核心部分，据此来简单勾勒出 FDIC 历史作用和现实作用的基本轮廓。

在之前国会口头作证时，Michael Barr 认为自从 FDIC 在 20 世纪 30 年代成立以来，过去 75 年多的时间里对商业银行破产问题处理得天衣无缝。在这里，我们需要注意的是这个表述有一点误导。那时 FDIC 从成立到 20 世纪 80 年代的近 50 年的时间里并没有太多的业务。由于有存款保险，战后经济复苏，以及对传统银行业务的稳定需求，那个时期的银行很少出现破产。因此如今 FDIC 并没有显示出其银行管理方面的杰出作用。

第一次考验出现在 20 世纪 80 年代，储蓄和贷款机构（S&L）和银行危机出现的时候。由于各种因素的作用，其中包括放松对存款利率的管制，授权储蓄和存款机构购买垃圾债券，以及德州房地产市场的崩盘等，大量的 S&L 和银行在那十年间倒闭。对于像我们这些经历过那段时间的人来说，S&L 危机是那么多年来最大的金融灾难。这次危机最终估计使纳税人蒙受了 1 240 亿美元的损失。大家几乎一致认为这是因为监管者没有及时关闭这些 S&L 和银行才导致损失的大大增加。[3]

尽管监管者对 S&L 和银行破产的处理不当造成了巨大的灾难，但是 FDIC 不应该成为这个损失的指责对象。一开始，FDIC 几乎没有参与处理

S&L 的破产案，这是重组信托公司（Resolution Trust Corporation）的职责。即使对 FDIC 监管的银行业来说，FDIC 并不是决定何时进入进行管制的机构。这是由银行的主要监管机构去作决定（在 S&L 的问题中也同样如此）。只有当这个主要的监管机构同意，FDIC 才能出售银行的资产，重建它或者将它关闭。监管程序中的这个特征被认为是致命性的缺陷。正如之前所述，负责银行安全和稳健的监管者，在其他人都已经发现危机出现时，会自然而然地拖慢危机处理的步伐。

　　为了修正这个漏洞以及其他的监管漏洞，国会彻底地重建了银行和 S&L 监管，特别是针对危机处理过程，国会颁布了两部法律——1989 年的《金融机构改革、复兴和强化法案（FIRREA）》和 1991 年的《存款保险公司改进法（FDICIA）》。在其他措施的共同作用下，这些法律大大地扩展了 FDIC 的能力范围。FDIC 不仅被授予了像管理银行一样管理 S&L 的责任，而且它可以在银行监管机构未能采取相应行动时，运用自己的权力关闭某家银行或者处理破产。[4]

　　然而，国会并不是简单地就将问题留给了 FDIC。它同时也制定了一系列新的规则（作为 FDICIA 的一部分）——推动正确的决策行动，要求监管者在银行财务环境恶化时能采取一系列相应的措施。其中具体的如何促进正确行为的规则不在我们的考虑范围内，但是有必要清楚的是它们对银行的从资本金充足（一级）到无力偿付或近乎无力偿付（五级）的这五级资本水平标准是非常重要的。从三级资本开始，FDICIA 就会施以更加明确和严厉的约束，要求银行上报重建资本到适当水平的措施计划。如果银行的净资产下降到 2%——它的资产比它的负债多 2%，或者更少，监管者将被要求介入并采取行动来解决银行所面临的财务困境。

　　这些规则旨在确保银行在出现危机时能迅速被关闭，使得它们破产的成本不会再给纳税人造成非常严重的损失。由于有了存款保险，一旦破产银行没有足够的资产来偿付所有借款，政府（因此也是纳税人）将不得不被牵连。但是，如果银行在它变得无力偿付时或者之前就被关闭，FDIC 就可以不使用它的存款保险基金支付给存款者。自 1993 年以来，存款在破产清算中享有优先偿付权，这一点显得尤为重要。

　　1991 年后期，FDIC 的机制形成之后——它授予 FDIC 更大的权力，制定了更详细的规则和关于监管者应该在何时以及如何进行干涉，因此新的多德—弗兰克金融改革法案的倡导者开始赞美FDIC。

在这一点上，我应该简单描述一下解决方案是如何在新的法律体系下被引发的（在这里，我将会很简洁的说明，然后在第八章中用大量的篇幅进行更完整的回顾）。这个规则是为我们在第五章中讨论过的系统重要性金融机构设定的，尽管它没有将适用对象限制在自动调整质量公司（资产超过500亿美元的银行控股公司）或者那些被正式定义为系统重要性的公司。是否应该将财务公司纳入这个解决体制，应由来自三方的关键因素决定。这三个关键转折点分别是财政部长、联邦储备董事会和FDIC董事会（对于投资银行，这第三方因素是证券交易委员会［SEC］，对于保险公司而言，应该是新联邦保险办公室的领导）。如果财政部长认为这个公司"违约或存在违约的风险"，三分之二的联储董事会成员和三分之二的FDIC董事会成员也表示要解决这个问题，同时，财政部长请示了总统之后，可以启动这个新的解决程序。在这一点上，财政部长指定FDIC为执行者，这种解决机制便开始执行了。[5]

你可能很快就会发现，正如我一开始怀疑的那样，FDIC类推法好像美好的不真实。FDIC在新的解决机制中的作用似乎与原来处理普通银行破产中的作用不同。事实上，这个新的解决机制是以一种完全不同的方式开始的。在新的机制中，并没有一系列严格的规则要求何时、如何对公司的财务困境作出反应，而是在是否应该介入，何时介入问题上给予了更大的自由度。与处理普通银行破产案不同，FDIC在新机制中并不能单独进行干预。其他机构也做不到单独干预。在"三因素"下，有三个决定制定者（如果我们要请示总统的话，实际上是四个）。

如果你迄今为止特别是最近一直在关注这个讨论，你可能会发现这个决议中极具讽刺的一点是，新的解决机制只是将FDIC的适用范围推广到系统重要性机构而已。将公司纳入这一解决机制的过程并不像一个现今的解决方式，它看起来更像是旧的机制，1991年之前的解决机制——何时进入进行干预需要有一个特别的决定，FDIC发挥着次要的作用，而不像如今的样子。

我需要在这里说明清楚一点，那就是，我只是简单地阐述了FDIC类推机制，没开始多久就出现了问题：最初，监管者是何时、怎样进行干预的。我并没有讨论 FDIC 在决定何时接管困境中的金融巨头时是否应该拥有像在处理普通银行问题一样的权力。但是只有在 FDIC 类型的解决机制对大型金融机构发挥的作用和对中小银行一样时，这个讨论才会有意义。

不幸的是，它做不到。

FDIC 解决机制如何（更好地）运作？

对于这一点，我们应该将我们的关注点限制在是否触发以及何时触发一个破产程序上。我们现在转向这个解决乩制的核心。当我们在考虑现在的 FDIC 机制如何运作时，正如《多德—弗兰克法案》所述，有一个问题将会变得很突出，就是如果我们将这个机制延伸应用到大型金融机构中，这个转换的损失将会有多少（经过调整，我们将在第八章探寻这个问题）。

破产是债务经营者与贷方和其他股东之间协商的结果，并且在过程中有清晰的规则和机会以便进行法律审查。与破产不同的是，商业银行解决机制是集权于 FDIC 的一个私密的、不透明的、高度自由化管理的过程。一般来说，FDIC 会和一个或多个健康的银行进行协商，然后安排其中的一个去收购问题银行的存款（是一种"转移被保险存款"，FDIC 使用它的概率有34%），或者连同部分或所有的资产和负债一起收购（这是一种"购买和债务承担"，FDIC 使用它的概率有54%）。为了最小化存款者获取他们资金和支付的渠道崩溃的可能性，监管者通常在星期五下午到问题银行现场，利用周末的时间对转换系统进行调整，以便它能够在新的一周开始时能正常营运。FDIC 在决定如何解决银行困境时面临的唯一的限制就是它有义务选择一个给存款保险机构带来最小成本的解决机制（这是 FDICIA 的另一个产物）。[6]

在实施这个解决机制时，FDIC 在处理困境银行债权方问题时有自主权。存款者和存款保险机构是 FDIC 首先考虑的，国会在 1993 年就已经将这个存款者的优先权写入法律。存款永远是银行远远超过其他债务的最大债务。在 1995 年到 2009 年期间倒闭的资产少于 1 000 万美元的银行，它们超过 96% 的债务都是存款。资产在 1 000 万到 5 000 万美元之间的银行，这个数据是 92.85%；资产达到 50 亿美元的是 88%，而资产超过 50 亿美元的那五家大银行中存款占债务的比例也达到 70.39%。由于银行债务中存款比例如此之高，而存款者相对于其他债权人又有优先偿付权，因此大多数的破产使一般的债权人很难获得偿付，除了受保护的债权人和银行存款者。但是在有些情况下，有可能其他的债权人也能得到偿付，这时候，FDIC 就要决定如何进行偿付。[7]

在理论上，一个对处置结果不满意的存款者可以质疑这个解决机制或者这个关于 FDIC 处理办法的特殊声明。但是这种质疑充满了各种阻碍。由于 FDIC 是秘密行动的，债权人不能提前对 FDIC 的行动进行质疑。任何的质疑行动因此只能发生在事实发生之后。再者，银行的法律限制了它在一些重要方面复活的机会——比如说，限制它的危害，缩小在清算过程中索赔人要求的支付与实际支付的之间的差距，FDIC 的决议实际上是顺从这点的。一位 FDIC 前任官员在发给我的合著者关于另一个项目的一封电子邮件中写道："结果基本上都差不多，很少有改变的。"[8]

尽管这个特殊的 FDIC 解决机制对商业银行有一定的保护作用，可能值得继续施行，但是它很难对具有不同特点的储蓄性银行起作用。在其他环境中，FDIC 解决机制的这个私密性、机动性很可能会产生问题。而银行有一些特性使得在处理它们问题时必须特殊对待。由于银行在国家支付系统中的重要性，它的财务困境需要迅速解决，使存款者不必担心他们的存款会丢失，即使是暂时性的丢失也不会发生。而 FDIC 行动的快速、私密的特点使这个成为可能。

此外，由于存款在银行债务中占如此大的比重，而 FDIC 又要确保存款者能够被支付，因此，让 FDIC 来决定如何处置银行的资产变得十分有意义。从某种意义上说，FDIC 和存款储蓄基金是最后唯一能获得真实利率的债权人。即使 FDIC 不能很有效地解决问题，但在大多数情况下，银行其他债权人遭受的损失也是很有限的（这或者可以说是 FDIC 保护机制的意外收益）。

这是形成新的解决机制基础的基本过程。《多德—弗兰克法案》的支持者了解到他们所赞扬的 FDIC 解决机制，主要关闭的是中小银行，这占到了 FDIC 日常工作的很大的一块。比如，从 1995 年到 2009 年期间，FDIC 关闭的银行中，有 99 家资产少于 10 亿美元（其中 89 家资产少于 5 亿美元），超过 10 亿美元资产的仅有 20 家。[9]

即使让 FDIC 赖以生计的银行关闭了，这套改革机制也不能被说成是一种低质量的成功。在及时而又准确的行动准则的授权中，FDIC 理论上应该更早地介入，并且不可能有损失。但是，在多数情况下事实并不是这样的。最近危机倒闭的三分之二的银行中，FDIC 直到银行要解体时才进入干涉。它从来不提前发出按照银行规则界定的报警信号，而且，FDIC 在这些银行的倒闭中亏损了大量的钱。[10]

我并不想诋毁在 Sheila Bair 女主席领导下 FDIC 所做的工作。Bair 已经做了大量的工作，并且勇敢地挑战了之前金融改革法案中许多最具争议性的方面。但是认为 FDIC 解决机制丝毫没有瑕疵是错误的，即使在普通情形下也是不对的。更为重要的是，FDIC 在所有处理大型银行事件中都很吃力。在这种情况下，FDIC 会选择延迟干预，并且干预方式倾向于紧急财政援助。比如说在美国加州银行 2008 年的破产案中，由于 FDIC 和节俭机构在关闭它的时候等待过长，给纳税人造成了 90 亿美元的损失。同样在计划解决美联银行问题时，它们也延误了时机，使得原来计划卖给花旗的资产最后意外被富国银行收购。正如我们所观察到的一样，华盛顿互惠银行出售给摩根大通的交易可以看做是 FDIC 处理大银行问题的一个例外，这也引起了它们自己的关注。

导致 FDIC 处理大银行的糟糕记录的一个显著的原因就是这个解决机制的过程很难适应大机构。每当 FDIC 要安排一笔收购或者承担一笔交易时，它通常会寻找一家大型的、健康的银行去收购这些存款和资产。尽管这项工作对于中小银行来说是比较合适的，但是如果要将它应用到安排一个合适的买家去收购一个大银行的案例中会显得困难得多。可供 FDIC 考虑的买家太少，有时候甚至没有一个真正合适的买家。

把这个问题说得更严重一点，FDIC 面临"做了要被批评，不做也要被批评"的尴尬处境。如果寻找一个买家，FDIC 会将一个大银行变成一个更大的银行，这就可能形成一个银行太大而不能倒闭，或者使得这些已经大到不能倒闭的银行的地位得到巩固。在 FDIC 将华盛顿互惠银行以 19 亿美元卖给摩根大通之后，摩根大通变得比原来更大了。毫无疑问，摩根大通的 CEO Jamie Dimon 的名字将进入很多白宫和华盛顿的贵宾名单。

在解决像华盛顿互惠银行这种大银行的案例中还面临着另外的问题。一个大型银行或者储蓄机构的债务远远大于它的存款。在这种情况下，FDIC 并不是唯一最终可获得偿付的真正债权人。这种情况下，FDIC 决定如何处置这些索偿权中的独裁权力将对银行的债权人产生很大的影响。比如说，在华盛顿互惠银行的案例中，FDIC 实际上清除了次级债务持有者的权利，给予了他们远远少于正常破产程序所能获得的收益，从而保护了存款者的优先权。[11]

作为经常见到的情形，如果 FDIC 不能找到一个买家，"不做也要被批评"的情况就会出现。缺少一个有潜力的买家，唯一的选择就是延迟干预、紧急财政援助或者两者一起使用。事实上，这就是当花旗银行金融危机期间挣扎时，政府所采取的措施。由于没有一家银行能够收购花旗银行，政府不得不支持这个大型银行重新运作。

总的来说，无论是商业银行的唯一性的特征，还是 FDIC 标准解决机制技术和大型银行现状之间难以适应，都说明了 FDIC 模型（尽管在处理小银行问题上是值得称许的）很难等比例放大去处理这些有一定透明度和确定性要求的大型金融机构所面临的困境。这个新的解决机制将 FDIC 的监管延伸到了一些它处理起来非常没有效率的金融机构上。FDIC 的跟踪记录值得称许的一面是它对中小银行破产案的贡献，而不是大机构。

突破 FDIC 类推法

由于 FDIC 在关于新机制的争论中的潜在地位，所以我在这章中花费了一定的篇幅去分析 FDIC 类推法。正如一条蛇正在向伊甸园中的亚当和夏娃求助一样，接下来的故事发展似乎会有一定的固定逻辑。正如 FDIC 类型解决机制的支持者所述，FDIC 在过去 20 年处理银行破产方面做得相当好。但是 FDIC 没有同样的理由将普通银行解决程序和新扩展的 FDIC

类型解决机制推广到它毫无效率的地方。

对于我所做分析的批评者无疑会在这一点上持有重要的反对意见。尽管他们承认新的解决机制很大一部分是基于 FDIC 解决破产银行问题的权力之上，但是他们会指出《多德—弗兰克法案》也有许多银行破产法中未出现的方面。事实上，《多德—弗兰克法案》的起草者从破产法中引用了大量的资料，细心地完善这个新机制的功能使它更像一个破产的案例（对我来说，这是处理非银行金融机构破产案例中的一种优先策略）。该法案的解决机制要超过 FDIC 解决机制的类推，换句话说，需要考虑它们各自的各个方面。

这一点是很公正的，所以在下一章我们就这样做。

第八章　财政援助，破产，
或者别的更好的方法？（解决机制 II）

　　假设若干年后，一家虚构的银行，全球银行（Bank of the World，以下简称 BOW）是美国最大的金融机构之一，正面临着动荡的危机。这是一家在历史上很有名的银行，20 世纪 80—90 年代经历了快速的扩张，并且成功渡过了 2008 年的金融危机，在房地产市场上下了很大的赌注，还在中国和印度进行了很多投机活动。尽管 BOW 在中国和印度的投资做了很完美的全球战略布局，但是它的启动成本却远远高于预期，部分原因是由于 BOW 收购的一家印度子公司引起的。当时对冲基金突然抽走了它们在 BOW 中的资金，BOW 债务的信用违约互换保护的价格急剧上升，一时间关于 BOW 解体的谣言四起。

　　财政部长开始给 BOW 的高管打电话，高管说世界范围内的持续性萧条无论对于 BOW 还是其他人来说都很难熬，但是他们的收入和流动性还是非常好的，并且谣言过分夸大。由于没有特殊的再保险，财政部长担心如果 BOW 破产将会使其他银行变得更加脆弱。于是他给美联储主席打了个电话，那边问道："我们应该怎么做？"

　　这是为新的解决机制所设计的场景。

基本框架

　　这里以摘要的形式简要列出我们考虑的要点：

- 引发解决机制：

  - "三个关键点"：财政部、美联储、联邦存款保险公司（以下简称 FDIC）。

- 向总统请示。
- 覆盖的公司：任何金融机构。
- 法律上的限制。
- FDIC 接管：
  - 如果有必要可更换经营者。
  - 股东和债权人承担损失。
  - 必须清算公司。

一些基本的细节足以满足一开始机制介绍的需要。正如我们在第七章中所看到的，《多德—弗兰克法案》通过"关键三角点"来启动——财政部提出需要接管一个违约或即将违约的系统重要性金融机构，需要美联储和 FDIC 有三分之二以上的成员投票通过。这三个重要方也有可能会请示总统。

尽管这个解决规则是为我们第五章中所述的系统重要性金融机构所设计的，但是这个机制的延伸范围远远大于这些。监管者可以根据他们的意愿监管任何金融机构，只要他认为这个金融机构的倒闭将会引发市场不稳定。

这个介入的决定几乎不受法律的监管。如果金融机构的经营者不同意政府的接管，监管者可以启动解决机制，向联邦法院递交诉状指控该公司已经违约或存在违约的风险。监管者不要求做任何陈述，法院只有在认为监管者"专断或者随意"时才可以拒绝这个诉状，并且法院有 24 小时的时间作决定。正如我们所看到的，无论这个严谨简短的叙述是否足以说明问题，它都由真实的问题本身所决定。

一旦这个起诉被立案，FDIC 将作为受让方接管这家公司，正如 FDIC 接管普通银行那样。FDIC 可以任意出售这个公司全部或部分资产，可以直接出售，也可以将这个资产转移给一个中介银行。股东的权利将被去除，除了（主要的例外）FDIC 有协议需要履约保护的债权人，其他债权方的利益也肯定会受到损失。目的就是使公司按正常的程序进行清算，符合 FDIC 规定的标准。

为了提供这个解决过程充分的资金，FDIC 被授权可以借入这个公司资产的 10%。对于大型金融机构，这将给予 FDIC 巨大的融资空间——超过 2 000 亿美元，像花旗银行一样大。

新法案的支持者宣称，这将结束纳税人为巨额财政援助买单的行为，同时确保了对金融困境的"有序解决"。批评者始终认为这并不会结束财政援助，反而可能使财政援助的规模变得更大。究竟哪个是正确的？相对于普通的第 11 章法案，这个新机制有所提高吗？提高表现在哪里？

为了回答这个问题，也为了方便我们理解新机制的核心部分，我将关注四个我认为可以定义有效破产法的关键目标。第一，这个破产机制必须及时启动。如果监管者（或者处在破产阶段的机构自己）在使用它之前等了过长的时间，再好的解决机制也很难发挥作用。第二，限制由金融困境引起的违约对第三方或者局外人的破坏性的影响。对于《多德—弗兰克法案》来说，这意味着要限制系统性风险——一个主要的破产案引起的其他的破产或者市场瘫痪的可能性。第三，股东和债权人在公司无力偿付时，不应该获得全额偿付——即无力偿付时，他们只能获得一小部分的清偿。否则，经理和其他股东将承担过多风险（如果"一开始获利的是我，最后承担损失的是你"，为什么不这样做呢?），而其他的债权人会急于借出资金因此也没有什么理由去对公司进行监管。第四，这个机制应该尽可能地保护公司的价值——通过重组、资产出售或者其他方式。总之，我们要为金融困局的有效解决机制提供便利。[1]

随着文章的深入，我将更细致地讨论这些方面。比如说第二个因素，股东和债权人只能获得一小部分偿付，透明度和预期也同样是重要的考虑对象。关注这些简单的事件可以告诉我们在新的机制中哪些因素起作用，哪些不起作用。

财政援助面临的问题

关于财政援助的最初的那一段文字，让我们想起了这是《多德—弗兰克法案》的起草者当时声称要结束的一种手段。我在这本书中一直将财政援助这个词作为一个不好的词，并且毫不掩饰地表达我的观点，即如果贝尔斯登被允许进入破产程序，这次的危机将不会那么严重。但是在某些环境下，我不得不承认财政援助还是发挥一定作用的。

财政援助的传统对象是那些面临着银行流动性要求，但是又还没实际面临无力偿付困境的系统重要性公司。在这种经济学家称为流动性风险的情况下，快速地注入资金可能会防止系统性风险或者其他相关的危害，这种困境将造成股东和债权人只能获得一小部分偿付是毋庸置疑的，因为在某种意义上来说，金融困境是人为的。不引发无力偿还机制，不重组公司也都变得毋庸置疑。这场危机就像正在经历的夏季风暴，它的危害可能被及时性的干预所阻止。

然而，这种传统情形是很少出现的，监管者有强烈的意愿使我们确信财政援助是必要的，即使事实上它并不十分必要。一个重要公司的违约是十分烦琐的，它可以使监管者的生活在许多方面变得很混乱。用纳税人的钱在一两年内支持公司的重建只是暂时性的选择。

如果财政援助的受益人是无力偿付的，而不是简单的流动性不足，那么再成功的财政援助措施可能也会产生不良的后果。在 1979 年和 1980 年间对克莱斯勒的第一次财政援助，被许多人认为是最成功的财政援助案例。政府为克莱斯勒的贷款担保，并且在这些贷款被偿付时获取收益，同时，克莱斯勒的高管 Lee Iacocca 也最终成为了公司的名人。但是，从回顾中我们可以发现，财政援助将推迟被救助公司的彻底性重建。

尽管雷曼兄弟和美国国际集团在 2008 年面临无力偿付的困境是广为人知的，但是辩解者仍然认为财政援助有助于防止市场崩溃的扩散化——他们破产所产生的系统性结果。这个结论是基于我在第二章描述过的雷曼之谜的重要因素上的——通常的错误认识是，雷曼兄弟的破产引起了 2008 年秋天的危机，并且说明了财政援助虽然是不合适的，但却是必须的。支持者甚至没有搞清楚在应对美国金融系统危机时，临时性措施和系统性反应之间的不同。在 David Wessel 最近出版的一本叫做《我们相信的美联储》一书中，他赞扬了本·伯南克和美联储在 2008 年和 2009 年间的特殊项目组合，它稳定了货币、票据和其他市场。总的来说，这些干预是有利的，但是这并不意味着这些临时性的财政援助也都是有利的。

即使在危机中，对一个无偿债能力公司的支撑也很难产生效益。为了搞清楚原因，我们需要区分三种不同的系统性风险。第一种系统性风险经济学家称为信息扩散，这是指一家公司的困境信息蔓延到该行业的其他公司，以至于产生一个消极的影响。如果 BOW 面临破产的危险，并且行业中其他银行业持有大量相同的资产，那么它的困境将会蔓延到其他银行。研究发现 BOW 这些资产组合的价值小于人们通常所想的价值，这说明市场参与者的资产往往被高估，这将造成整个行业大范围的贬值。第二种系统性危机——信心危机——也是类似的。如果 BOW 的破产造成了其他大型银行金融状况的不稳定，它将引起所有银行的股东和债权人市场范围内突然的信心崩溃。如果这个反应是由于它们持有类似资产引起的，那么这就是一种信息传递作用。但是如果是因为 BOW 的破产造成了其他银行的不稳定，这更应该被认为是一种信心危机。[2]第三种系统性风险是交易双方相互影响。如果其他某家公司是 BOW 的主要的债权人，那么 BOW 的违约和无偿债能力将给该公司的自由资产负债表造成一个巨大的亏空。如果其他公司持有 BOW 的债权过大，BOW 的倒闭可能会导致这家公司的倒闭。如果一系列的公司对于另一家公司都有大量的债权，BOW 的破产将会产生一连串的破产（标准的术语是，多米诺骨牌效应或者说阶梯式破产），包括一些与 BOW 没有直接关系的公司也可能面临倒闭。

在这三种系统性财政援助中，只有交易双方有相互影响的可能性才能够表明特定公司确实需要紧急财政援助。如果信息扩散或者信心危机严重到需要进行干预时，政府应该在整个市场范围内进行干预。当然，这也就是美联储主席伯南克所做的，韦塞尔所称赞的特殊的干预，国会通过的过渡期研究援助计划（TRAP）也类似。如果潜在危机是由于交易对手的风险影响，一个定向的财政援助计划在理论上可能会降低多重风险发生的可能性。但是这个也是存在争论的。即使 BOW 的破产可能会引起相应交易对手的风险扩散，为了对这个对手公司的债务提供保险（正如美联储在雷曼倒闭之后对商业票据的保护）似乎比向 BOW 提供财政援助更有意义。

考虑一下这些推理如何向我们解释 2008 年的金融危机。尽管系统性危机并不完全适合我所描述的三种形式，但是 2008 年的危机的起源相比于来自信息蔓延风险和信心传递风险，它更接近交易对手风险的蔓延。

贯穿这个危机的核心问题的是大型机构（尽管规模可能有所差别）有大量的房贷和房贷相关的证券的债务。没有人知道它们到底值多少钱——事实上，直到现在我们也不知道，所以对于贝尔斯登和雷曼的担忧说明了我们有理由开始担心和它们类似的公司。

由于衍生品行业过于集中，有大量的参与者，而且相互之间联系非常紧密，我们认为它们之间存在很大的交易对手风险，正如我们所熟知的危机前的 14 个大家族。正如一些人所认为的，如果一家公司倒闭了，其他的也可能倒闭。但是现在我们知道雷曼兄弟的倒闭并没有引起它相关交易对手的倒闭。为了确保这一点，美联储在雷曼倒闭之后迅速为它的交易商提供了担保。但是国际掉期和衍生品协会——主要的衍生品交易集团，并不是我经常称颂的一个机构——建立了一个头寸计划来轧平雷曼的衍生品交易。在几星期之内，大量的头寸被平仓，但是它的交易对手都没有破产。

因此，美国人为什么对财政援助贝尔斯登和美国国际集团充满敌意的原因可以在这里找到很好的答案。这个分析同样也说明对处在无力偿债过程中公司的紧急援助很少是正确的，除非这个公司真正有了偿债能力。唯一的例外就是对于那些将产生交易对手风险蔓延的公司进行的财政援助，但是这种情况少之又少。

谁将会援引多德—弗兰克解决机制？什么时候？

这个新机制的其中一个最意外的贡献就是，它在我之前提到的对危机的系统性反应和对个别公司的财政援助之间进行了仔细的区分。当蒂莫西·盖特纳和他的同事在财政部中提出他们最初的金融改革方案时，他们并没有对美联储干预危机的能力进行大量的限制。美联储借出额外款项的主要法律基础是我们所熟知的 13（3）所规定的权力，联邦储备法案的这一部分授予美联储在"非常规和紧急情况下"扩大信贷规模的权力。许多危机中的特殊借款和担保正是美联储这项权力的一种转换，比如说为货币市场和票据市场提供便利。在财政部的白皮书中，它要求美联储在执行特殊的权力时必须先获得财政部的书面许可。一般来说，很少出现美联储所希望的执行财政援助或者其他干预措施，而财政部——作为直接向总统汇报的重要的政治机构——却犹豫不决的情况。只需要简单地将提案进行公示就能满足财政部的许可要求，这也是为了使2008年的财政援助行动制度化。[3]

这个新的解决规则表面上的理论就是，将财政援助作为处理系统重要性金融机构困境的方法。尽管财政部的提议并没有为这个目标付出太多的努力，但是《多德—弗兰克法案》作出了努力。在修正美联储的13(3)项权力时，虽然《多德—弗兰克法案》保留了需要预先获得财政部的许可这一项，但是它取得了长足的进展。新法案不仅规定"紧急借款只能用来为金融系统提供流动性，不能援助破产的金融机构"，而且它也修正了这项权力只允许"泛泛地干预"，而这种干涉意味着不能只针对某一特定公司的干预（在原来的规定中，美联储可以向任何"个人、合伙制企业或者公司"提供借款）。正如我们所看到的，这个新限制是否会阻碍财政援助要视具体问题而定，但是这个修正案很明显就是为了限制财政援助。[4]

限制对个体公司特殊借款大大减轻了及时行动上的压力，及时行动是无力偿还解决机制四因素中的第一点。对美联储货币投放的限制能够保证监管者在没有财政援助的情况下，更早地控制处在困境中的系统重要性金融机构吗？

尽管没有两个监管者是一样的，只是比两个CEO相似点稍微多一点，考虑《多德—弗兰克法案》的激励措施是预测不同机构对像BOW这样的银行倒闭的反应的最好方法。《多德—弗兰克法案》的效果已经不能再更具戏剧性了。我们不能叫一个火箭科学家去预测主要角色，特别是经营者是怎样评价这个新机制的。这个框架的激励措施也并不那么鼓舞人心。

触发新框架

在这里，我们要做比一开始更详细的讨论，以下是我们对系统重要性金融机构采取行动的关键规则。

- "三大关键"：财政部、三分之二的美联储董事会成员、三分之二的 FDIC 董事会成员。

- 基本愿景：
  - 作为文件计入华盛顿的联邦法院。
  - 规定"覆盖的公司"应该是"已经或可能违约的那些"，而且，它们的行动"将会对金融稳定产生负面影响"。
  - 司法回顾：法院只能拒绝"专制随意"的起诉，并且必须在 24 小时内作出决定。
- FDIC 通常被指定为接管者：
  - 如果有必要可更换经营者。
  - 股东和债权人承担损失。
  - 必须清算公司。

在一开始，财政部是这个新的解决机制过程的组织协调者。如果财政部得到了三分之二的美联储和 FDIC 董事会成员的支持，认为某家金融公司处在违约的边缘或者已经违约，并且它的破产"将对美国的金融稳定产生负面影响"，那么它就可以通过向华盛顿的联邦法院起诉来启动这个解决机制。司法上的回顾受到了严格的限制。只要监管者在决定一个金融机构存在违约风险时不是"专制随意"的，法院必须接受这个起诉。如果财政部说服了这个公司接受起诉，那么司法回顾也可以一起免去。[5]

尽管我们会很自然地认为这些受制于这个程序的公司与第五章所讲的公司相同——资产超过 500 亿美元的银行控股公司，和定义为系统重要性的非银行金融机构——实际上它们没有很具体的联系。只要监管者认为它的违约会引发金融动荡，那么任何金融公司（85% 的收入来自金融活动的公司）都将被贴上"所覆盖的公司"的标签，并适用这个解决机制。可以肯定的是，这两种公司的集合有大量的重叠部分，但是因为监管者在第五章中所要求的新的资本金要求和其他监管要求使得没有被定义为系统重要性金融机构的公司也可以被纳入到这个解决机制体系。[6]

如果这个起诉获得许可，FDIC 将作为接管者（除了投资银行，它的接管者是证券交易委员会；保险公司，它的接管者是新的联邦保险监管机构），被授权贷款给该公司，并获得在接管期间掌管这个公司的权力。为了保证解决方法能收到很好的效果，FDIC 被授权可以解雇任何应该为公司金融困境"负责"的经营者，免除股东的收益，向未被偿付的债权人进行支付（需要满足一定的要求，我们将在之后进行讨论）。普通银行的解决机制和破产程序允许 FDIC 在接管中重建这家银行，与它不同的是，多德—弗兰克机制只解决清算问题。尽管 FDIC 可以通过设立一个"中间金融机构"来绕开这个问题，但是从本质上这个解决方案是根据清算设计的。Barbara Boxer 议员在后来又增加了一点，即任何适用这个解决机制的公司必须被清算。[7]

这项权力太过激进。在可能的情况下，银行监管者将会尽量延缓解决机制的介入，这将是我们接下来讨论的问题的焦点。但是如果财政部长在下次危机的时候决定采取更加激进的立场，执行先发制人的解决机制去接管 BOW，情况会变成什么样呢？只要美联储和 FDIC 同意，像 BOW 这样的公司几乎不能抵抗这种突然的先发制人的打击。BOW 唯一反驳这项起诉的机会就是表明自己不是"金融公司"，或者证明自己"不违约且没有违约的风险"。但是无论哪一方面几乎都没有可能挑战成功——BOW 显然是一家金融公司，并且在任何财政部长可以介入的情形中都符合"处在违约中"这一点。BOW 没有权利挑战采用这个解决机制的其他先决条件。它不能反对说它的违约不会引起金融动荡，或者说它的行为属于被允许的私人部门活动。[8]

各种不利于 BOW 的因素还体现在其他一些方面。法院的决定要在 24 小时内作出，而且是秘密进行。[9]一旦法院作出了这个决定，即使 BOW 向更高一级的法院申诉，这个解决机制的进程也不会暂停。即使是毫无道理地采用这个新规则，BOW 也几乎没有可能去停止它。一旦这个公司进入了这个解决程序，FDIC 就全权控制了它。

如果你的反应是这种机制是不符合宪法精神的，那么你的感觉可能是对的。这个解决机制中有一点严重违反了宪法的相应条款，即对这个监管行为发起挑战的范围和机会受到了严格的限制。宪法相应的条款规定有通知和被告知的权利。尽管最高法院授权国会可以在某些方面限制相应的权力，但是这个对解决机制发起挑战的限制过于严格，以至于引起了对宪法的严重质疑。[10]

监管者也并不是在一出现问题时就立即进行干预，充分利用新权力给予的各种好处，而是更倾向于延迟进行干预。毕竟接管意味着要将一个复杂的金融机构出售或者解散。即使是一个不像蒂姆西·盖特纳那么热衷于财政援助的财政部长也想要推迟审计日，美联储和 FDIC 也不会那么迫切地要采用这项机制。

　　在这种情形下，监管者的选择是什么？尽管美联储不再被全权委托发放额外的贷款，它们仍然有别的介入手段，特别是当危机来临的时候。《多德—弗兰克法案》授权美联储为银行机构的贷款提供担保，这就给予美联储相当大的权力来保护银行系统的稳定性。尽管美联储现在已经被禁止向单独的公司提供贷款，它可以通过设立一个旨在保护处在困境中的系统重要性金融机构的广义项目，来绕开这个限制。比如说这种项目可以限制除了困境公司以外的其他一切公司，或者美联储可以更广泛地为这个行业提供财政援助。而 2008 年金融危机爆发时，监管者随意使用财政援助，使得监管者的创造活动达到了顶峰。

　　另外，通过《多德—弗兰克法案》给予的影响力，监管者可以强制问题银行的同行业机构接受财政援助。近些年来的有些财政援助是通过私募进行的，包括 1998 年对长期资本管理公司财政援助和同时期的对韩国的一揽子援助计划。过去，监管者只能使用道义劝告手段，因此不能确保每个人都会严格执行。但是，正如我们在第五章中所看到的，《多德—弗兰克法案》使得政府可以向大型银行的伙伴行施压。尽管私募的财政援助基金并不直接涉及纳税人的资金，它同样也有许多坏的影响。

　　即使监管者想要进行及时的干预，全国性的大型金融机构的复杂性使得监管者直到公司真正出现不良业绩才能觉察到，而此时时机已经过去了。如果监管者正在决定何时采用多德—弗兰克解决机制，那么这个决定要不太晚，要不就再也不会采用（如果这个公司已经被财政援助了）。

　　当然，最想要了解公司经营条件的重要信息的是它的经营者。对于一般的公司来讲，《破产法》第 11 章鼓励公司经营者在公司经营困境时亲自主动去处理。在《破产法》第 11 章中，经营者在公司申请破产之后继续经营着公司，他们也是唯一可以在头 6 个月或者更长的时间内提出一个重建计划。[11]尽管股东在大多数情况下什么都得不到，他们有时候也会接受这些条件，或者是因为公司在破产阶段经营得很好，或者是因为经过协商他们至少能获得一定的偿付。《破产法》第 11 章所述的这些属性，鼓励经营者及时提交破产申请。

由于多德—弗兰克解决机制没有这些好处，像 BOW 这样的公司的经营者完全没有理由要让公司进入解决程序。事实上，像雷曼和美国国际集团这样的公司，公司的经营者完全有理由可以使潜在的解决机制看起来尽可能地麻烦，以期望获得财政援助或者说服监管者推迟介入。

《多德—弗兰克法案》有一项重要的防御手段，可以防止经营者故意使解决机制变复杂。系统重要性公司现在被要求提交一份所谓的生存意愿报告——详细说明一旦公司面临金融困境时，如何按常规步骤关闭。如果监管者要求既详细又可信的解决计划，生存意愿报告可以避免违约带来的一部分破坏。监管者甚至可能会把生存意愿报告上承诺的一些条款，在今后纳入到解决机制的条款中。但是监管者只能要求正式被定义为系统重要性的公司提交生存意愿报告。除非监管者严格谨慎地执行这项新规定，否则经营者很难设计出既严谨又现实的计划。[12]

一个有趣的问题是，像 BOW 这样公司的经营者是否应该选择申请破产，而不是进入解决程序。破产对于一个金融机构的经营者来说并不是职业生涯的一个很大的动荡，而且它确实带来了我之前提到的一些好处：经营者可以继续经营这个公司，他们是唯一可以在一段时间内提出重建计划（或者其他行动，比如说出售公司的资产）的人。

相比多德—弗兰克解决机制，破产看起来并不是那么坏，但是对于经营者的这一美好愿景有一些重要的限制。第一，如果经营者申请了破产，《多德—弗兰克法案》授予银行监管者将这个案件抽离出来，进入解决程序的权力。由于新的解决机制可以有效遏制破产，所以《破产法》第 11 章所述的方法只能是在监管者接管之前的一个临时性的缓期。第二，尽管经营者一开始保留了他们的工作，但是协议达成之后，他们就不得不下台。第三，衍生品和其他金融合约不受破产准备的支配，就好像自动免责条款一样，这就限制了经营者对公司资产进行出售或者其他处置的能力（我们将在第九章中提到限制多德—弗兰克漏洞的方法的时候，回顾这些规则所存在的问题）。

在这些限制下，《破产法》第 11 章所提到的解决方案对于经营者来说是一个充满风险的选择——只在极少数情况下，会好于多德—弗兰克的残酷疗法。从他们的期望来看，坚持经营，放弃任何有意义但可能是灾难性的计划就好像一把最好的赌局。

因为任何主要参与方——监管者或者经营者都会为采用多德—弗兰克解决机制而担忧，因为其很难做到及时性。

控制系统性风险

政府解决机制有两种：我们在第七章中介绍过的 FDIC 类推法，以及通常被认为是唯一能够防止系统性风险的行政决议。控制系统性风险，是有效地解决机制的第二个目标，也是《多德—弗兰克法案》做得相当好的一点。但是私自使用财政援助解决机制也能达到这个目标。

多德—弗兰克解决机制的解决系统性风险的两组核心规则，都是来自于 FDIC 解决普通银行问题的机制。第一组规则是管理衍生品和其他金融工具的——比如我们所熟知的银行界的合格金融合约（QFCs）。第二组规则是 FDIC 对于向谁提供资金具有充分的自主权。无论财政援助部门在解决机制之外从美联储获得了什么，最终都在新机制下 FDIC 的掌控之中。

这里总结了几点关键的规则：

- QFCs（衍生品）的规则：
  - 自动终止条款：不强迫在一个交易日内。
  - 了解协议：作为一个独立的合约。
  - 全或者全不：FDIC 必须承担所有的各方或者都不承担。
- FDIC 的资金权力：
  - 广泛的资金运用的自由性：可以购买资产，或者为资产提供担保。
  - 巨大的借款能力：在解决之前可以提供资产的 10%，解决之后可以提供资产的 90%。
  - FDIC 的借款具有优先权。

● 资金的来源：对大型金融机构测评后需要上交的剩余部分。

在标准的掉期合约中，破产和无力偿还过程都作为违约事件，另一方有权取消合约并出售任何抵押物。在破产中，这个规定是强制的，比如说自动终止条款。如果像 BOW 或者 2008 年的美国国际集团一样的大型金融机构提交了破产申请，所有的交易对手理论上可以同时取消它们的合约。如果所有人都立即出售他们的抵押物，资产的价格将会迅速下降，并且严重恶化现有的危机。比如说，在 2008 年，出售美国国际集团作为抵押物的抵押贷款相关证券使得抵押贷款的价值下降得更快。

多德—弗兰克解决机制在解决这类风险时，规定交易对手在一段时间内暂时不能取消它们的合约。FDIC 到第二个交易日的下午 5 点前要决定如何处理这些金融合约。尽管说只能拖延一天，但是实际上如果他们合理选择解决过程开始的时间的话，这最多可以延长到 4 天。比如说，如果解决过程从星期五上午开始，那么这个限制令可以持续到下周一的下午 5 点，因为周一才是下一个交易日。[13]

在这段时间之内（以及之后，如果其他交易对手不取消合约），FDIC 可以决定选择拒不履约，也可以选择全额偿付。根据衍生品行业的规定，多德—弗兰克机制对 FDIC 在这一点上的选择有两条相关的限制。第一条，如果困境银行和同一个交易对手有一项重大的协议，其中包括大量不同的交易，这对于衍生品交易是很正常的，那么 FDIC 必须同等对待所有的合约，或者都履约，或者都不履约。第二条，同样的原则适用于一个特定交易对手的所有债权掉期。FDIC 的选择是全或者全不。它必须是全部违约或者全部不违约。[14]

尽管现在的 FDIC 主席 Sheila Bair 是一个讲求实际的监管者，不像盖特纳财政部长一样那么钟情于财政援助，一旦像 BOW 这样的大型金融机构倒闭并进入解决程序，她肯定也会作出类似回应。面对是全部执行还是全部违约，她或者 FDIC 的其他主席将会为 BOW 主要交易对手的所有衍生品担保，而不是让它产生系统性问题。如果大多数的合约是通过清算机构进行的，承兑所有合约的压力可能会降低，但是 FDIC 将会开始担心清算机构的违约，清算机构出售抵押品将会产生系统性影响。

FDIC 不会单独作出是否履约的决定这一事实，将进一步增加挽救这些衍生品合约的压力。美联储和财政部必须同时同意将这个公司纳入解决机制，它们可以各自坚持衍生品应该被保护的观点。

　　正如我们所看到的，这个特殊的衍生品规则强烈诱使我们去保护这些合约，多德—弗兰克金融规则也为采取其他挽救行动提供了资金和权力。多德—弗兰克邀请 FDIC 购买公司的资产或者为它进行担保，承担或者担保它的债务，或者以任何它想要的方式介入。为了给这些介入措施融资，多德—弗兰克授权 FDIC 可以利用财政部的借款的权力，在一开始的 30 天内可以发行公司解决前总资产 10% 的政府债券，之后可以发行解决后总资产 90% 的政府债券[15]。为了使融资问题具体化，我们考虑一下雷曼兄弟公司，在它申请破产的时候，总共有 6 390 亿美元的资产。在新的多德—弗兰克解决机制下，在一开始的 30 天内，FDIC 可以使用 639 亿美元来处理这个问题。而在花旗和美国银行的案例中，FDIC 在这阶段可以使用 2 000 亿美元。

　　如果要在这所有的里面找出一个优点的话，那就是 FDIC 在防止系统性风险时所具有的灵活性。尽管如我们所知，对整个产业的防范可能是更有效的，但是保护困境公司债权人的权益也是防止系统性风险的一个重要手段。FDIC 权力的一个缺陷就是它的干预措施本质上就是财政援助。

　　《多德—弗兰克法案》试图限制纳税人为 FDIC 的融资决定埋单。FDIC 的债务最初是通过财政部发债进行筹资，在解决机制中具有优先地位，使得 FDIC 可以优先于普通债权人获得偿付。对于在解决过程中未得到偿付的成本，《多德—弗兰克法案》规定用正常清算基金来偿付，这个基金的资金来源于对其他系统重要性金融机构评估的收入。

　　这正是多德—弗兰克的支持者所宣称的基础，通过立法结束了用纳税人的钱来进行财政援助，它以奥巴马总统签署法令"不再使用"宣告胜利。但这不是事实，我们会看到解决机制之外的财政援助。但是即使没有解决前的财政援助，FDIC 也会如财政援助一样带来一些坏的影响——而事实上，那就是一项财政援助，我将在下一部分阐述这一点。它只不过不是用纳税人的钱进行财政援助而已。

第三个目标：减少损失

有效解决机制的第三个目标是确保无力偿还公司的股东和债权人，根据他们所享有的收益优先权和困境公司的价值来承担损失。比如说，假设这个公司的资产是 100 美元，它欠优先债券人 80 美元，优先债券人指的是他的债权由所有资产作抵押；欠非优先债权人（一般债券人）50 美元；它还有一个股东，同时也是公司的经营者。如果这个公司不能履行债务，我们将会采用一个解决机制确保优先债权人能够全额获得偿付，非优先债权人尽可能多地或者全部获得剩下的 20 美元（但是得损失 30 美元），股东权益只能被免除。在严格的模式下，这种一般原则就是我们通常所熟知的绝对优先规则。我们可能需要在某些方面违背这项原则。比如说，支付给股东一小部分可以使公司更早地进入解决程序。但是一个有效的解决机制需要严格遵循绝对优先权。

如果相反，政府介入并用财政援助承诺向非优先债权人或股东全额支付，那么这项财政援助将引起严重扭曲。此时经营者和股东往往会采取风险性策略——比如说像贝尔斯登和雷曼这样的投行，他们使用特别的杠杆率——一旦这个风险性赌博获得成功，将会有特别大的收益，而即使它失败也不会受到任何处罚。类似的，如果政府确保他们能够获得全额支付，非优先债权人将会更愿意向公司借钱，并减少监视公司业绩表现的时间。Peter Willison 将信用市场的这种现象称为"房利美效应"，指的是由于政府在 2008 年以前隐含为房利美和房地美的贷款提供担保，使得借款成本被人为地降低。

在 2008 年金融危机期间，这三个主要的监管者——保尔森、盖特纳、伯南克——尽最大可能去降低股东的道德风险。保尔森非常着急，他要让经营者和股东知道他们是会受到制裁的，所以他向摩根大通施压，让他把对贝尔斯登的收购价从每股 4 美元压低到 2 美元（而摩根大通最终支付的是每股 10 美元）。[16]这三巨头也因为同样的原因，强制要求美国国际集团的 CEO 下台，稀释了股东的利益。

尽管监管者最初声称他们的干预措施并不是财政援助，但是实际上政府每次都是完全保护了公司债权人的利益。对于债权人能够获得财政援助，信用市场存在扭曲的期望（受欢迎公司的信用补贴和债权人的道德风险），正好解释了为什么大型金融机构的股价在危机中还能维持高位，为什么雷曼的信用违约掉期价格不能预期到它的违约风险。2008年的财政援助是对债权人的财政援助。

多德—弗兰克解决机制宣布的政策要求股东和债权人在解决过程中只能获得一小部分偿付（再次偏离原财政部的提议），并将经营者排除在外。根据"强制性条款"的要求，FDIC应该：

> 确保问题金融公司的股东直到所有的债权和资金都被完全支付之后才能获得偿付……确保不受保护的债权人根据获取收益的优先权来承担损失……同时，确保更换应该为问题公司困境负责的管理层。[17]

除了这个"强制性"的优先结构，新机制还包括一系列条款，大多数是从《破产法》中借鉴过来的，在思想内容上有一定的相关性。FDIC被授权在解决程序开始前90天替债权人取回偿付，对于公司实际所得少于该资产应有价值的财产进行出售或者转移（我们所熟知的优先权和欺诈转移权）。此外，如果任何债权人在破产清算中获得了比他要求的更多的，需要将超出部分归还给FDIC。每一条规则的设立都是为了确保类似处境的债权人能够获得同样的待遇，监管某些条件下只能向某一部分人提供优先处置权，而不能是其他人。[18]

对于任何一个熟悉普通银行解决机制的人来说，这些条款会给人一种耳目一新的感觉。在关闭一家银行的时候，FDIC在决定哪些债权可以获得偿付，获得多大程度的偿付具有很大的自由权，这就意味着那些基本的优先权可能不被重视。这同样也意味着债权人无法预知他们将会被如何偿付。《多德—弗兰克法案》在优先权问题上看起来更正式、更透明。

不幸的是，这项规则与现实中许多金融机构的最大、最重要的债权偿付不相符。问题就出在，这些谨慎的根据实际情况调整的优先权的要求，可以很容易回避掉。和普通银行解决机制中一样，多德—弗兰克解决机制授权FDIC可以根据自己的意愿决定是否全额偿付，这正如我们在讨论系统性风险中所看到的一样。作为像BOW这样的公司的接管者，

FDIC 将会支付所有或者几乎所有的衍生品和其他金融债务，也可能会支付其他债务。尽管按照规定如果一些债权人在偿付过程中获得比其他债权人多时，需要将多余部分拿出来，但是 FDIC 可以只给其他债权人一小部分，并声称这已经比破产清算所给予的多得多了。如果公司真的破产了，FDIC 可能会说，公司的价值已经蒸发了，债权人将什么也得不到。有了这些理由，FDIC 在无法支付或只能支付一小部分给其他债权人的时候，可以为最终的债权人提供财政援助，尽管在理论上他们有相同的偿付权。

正如奥巴马总统在另外的场合中所提到的，优先权规则只不过是为猪涂口红而已。

所有都要被清算，永远?

我们现在来解读有效解决机制的最后一个目标：有效地解决公司的金融困境，并且尽可能地保护公司的价值。

在我前面章节对 FDIC 类推法的分析中，我曾经指出关闭普通银行的 FDIC 策略对于解决系统重要性金融机构的问题显得过于渺小。小银行是 FDIC 赖以生存的源泉，如果一家银行倒闭了 FDIC 将会秘密联系一个买家，在星期五即将结束的时候关闭这家银行，然后在下一个星期一的上午之前完成这个过程，以保证顾客能拿到自己的存款，工商企业可以获得信贷。相反，相对于大型银行和非银行金融机构，合格的买家数量则要少得多。这样的话，安排一项交易就显得异常困难，有时候甚至都没有可能。设想如果花旗集团或者美国银行陷入了困境，谁能收购得起?同样由于潜在的买家也是大型金融机构，这项交易将会形成一个更大的金融巨头。

多德—弗兰克的起草者通过将 FDIC 限制在只能选择解决清算问题，来调和这个问题。在后来博克斯议员提议的修订之前，这种限制对任何人都不明显，除了银行业的书呆子。多德—弗兰克提出指定 FDIC 为问题机构的接管者，但没有任何关于"接管"的描述，在这个机制中被称为"破产清算"。接管这一方法主要是为了对问题银行的重组，而不是出售或者关闭它，尽管运用得很少。多亏博克斯的修正，我们不再需要对这个解决机制进行细致的分解。这个新的法律已经解释得再详细不过了："所有接受接管的金融公司必须被清算。在这一条下，不允许用纳税人的钱去组织任何金融公司被清算。"[19]

从理论上说，一个聪明的监管者更倾向于重建金融机构，而不是真正去清算它。除了安排即刻的并购或者部分清算，多德—弗兰克授权FDIC可以将资产和负债转移到一个"中间金融公司"。这个中间公司是临时设立的，并且多德—弗兰克允许它最多存在3年。通过挑选哪些资产和负债转移到中间金融公司，然后与别的公司合并或者将股票出售给投资者，FDIC可以实现事实上的重组。[20]

这与博克斯修正案之前提出的公司"应该被清算"相符合，但是它违反了博克斯修正案的精神，它很难仿制假重组。更大的阻碍是监管者的过于集中，而不是受监管方它们自己。FDIC的设立不是为了监管重要的金融机构真的重组，或者一个漫长的清算。比如说，美国印地麦克银行在2008年倒闭之后，FDIC早于许多分析人士认为的最佳时机出售了它的资产，因为它已经勉强经营了相当长一段时间。正如FDIC在新的解决机制中起的一贯作用一样，当FDIC进入的时候，它承担控制所有的资产和运营。目标并不是为了救活这个公司，相反，通过正常的渠道对它进行清算，将使公司价值最大化。[21]

这种对于清算的偏向标志着美国破产管理的一个巨大的转变。这种对大型公司金融困局的特殊的美国式回应，在19世纪末期铁路业危机时就出现过。在那些为铁路业资助的华尔街银行和银行的律师要求下，美国的法院设计了这个叫做股权接管的过程，这也是现在《破产法》第11章的灵感的最初来源。前提就是重组通常被认为是解决金融困境的最有效的手段，特别是对于大公司而言，因为重组可以保值否则将会遭受损失。[22]

一些人可能会反对说金融机构在这点上和其他大型公司是不同的，理由是商业银行的价值可能会随着它的违约而烟消云散。尽管这对于商业银行本身而言可能是正确的，但是它却不能说明银行控股公司和其他金融机构控股公司的情况——它们遇到无力偿付的情况时，通常优先采用《破产法》，而不是《多德—弗兰克法案》。对于其中的某些公司，重组可能要大大优于接管，特别是在没有或者几乎没有潜在的购买公司资产的买家的时候。重组一个问题金融机构通过保留竞争者而不是通过对有限的几家巨头公司的清算来收缩行业的方法，会促进金融服务业内的竞争。

《多德—弗兰克法案》不会全部取消这些选择，但是它将使它们变得不同。这增加了由于多德—弗兰克解决机制而产生的价值损失的可能性——考虑到 FDIC 类型的解决机制在应用于大型金融机构上的不足，这会有特别大的这类风险。根据我在这一章设定的目标，多德—弗兰克在四个目标中有三个完成得不理想。何时将公司纳入解决机制是由监管者，而不是经营者和市场参与者决定的。这样很难进行及时性的干预，立即罢免的可能性将阻碍公司的经营者为启动正常的解决机制做准备。由于 FDIC 可以自己决定向任意债权人支付的数量，任何特定级别的债权人都不能确定它将一定会承担损失，包括持有衍生品的债权人也不一定。即使重组可能是最好的选择，多德—弗兰克也要阻止它或者声称要禁止。

多德—弗兰克唯一完成的比较好的目标是限制系统性风险。这个类似 FDIC 权力，虚化了对债权人的承诺，削弱了优先偿付计划，通过保护脆弱的群体来防止系统性风险。比如说，如果 FDIC 发现这个公司大量的衍生品违约将造成系统性风险，它可以选择向这个公司的衍生品债权人承诺支付。

当然，我们不能简单地通过检验解决框架的每一层属性是否达标，然后将它们的得分加总来衡量一个无力偿付解决机制的好坏。对于多德—弗兰克机制最好的辩解可能是温斯顿·丘吉尔对于民主的著名辩解：除其他所有的解决方式外，多德—弗兰克可能是最差的一种解决系统性金融机构困境的方法。

但是丘吉尔的名言在这里并不完全正确。多德—弗兰克解决机制唯一做得比较好的是应对系统性风险，对于大多数金融机构将变得不那么重要，因此，还需要依靠《多德—弗兰克法案》的其他一些更有效的部分。比如说，如果公司大多数的衍生品都有清算机构担保，那么 FDIC 介入并为它们确保支付将变得不是那么重要。

一些反对这个机制的人强调，这个机制只是将原来普通的、法律规定的破产程序应用到一小部分公司，即大型金融机构。随着争论的持续，这个聚焦点会越来越深，但是越来越窄。

但是其中一些理由经常被误读。这个规则所说的"少数"金融机构实际上数目并不是那么小。资产超过 500 亿美元的银行控股公司已经达到了 36 家，它还要包括被金融稳定监管委员会所认定的系统重要性的非银行金融机构，再加上监管者认为它的金融困境会影响全国性金融稳定的其他一些金融公司。这不仅是一个有一定规模的集团，而且每个单独的公司除了常规业务外，相对于整个集团是显得渺小的。这个的重要性远远超过它们的数量。

这些金融巨头现在受制于一项临时的、不可预知的解决机制。没有人知道谁会被审查，因为监管者可以在最后一分钟决定某一家公司存在违约的风险，并且它的违约具有影响整个金融系统稳定的风险。如果监管者决定采取行动，那么公司几乎是不可能抵抗的，因为公司没有时间也没有理由进行抵抗——违反了这个机制的相关规定。一旦解决过程开始，监管者就可以选择哪些债务要被支付，哪些不被支付。而监管者一旦开始考虑介入，法律规则将处于次要地位。

因此，这个坏消息是，多德—弗兰克解决机制相当混乱；好消息是，它正在被修正。我相信，通过向《破产法》靠近的简单调整可以鼓励问题公司在危机中主动提交破产申请。这种调整是下一章的主题，从描述、诊断再到进行可能的治疗。

第三部分　未来

第九章 必要的修订和新的金融规则

长达 2 319 页的《多德—弗兰克法案》只有两个主要的议题：一个是政府与金融寡头集团之间的关系，另一个是危机中的临时干预。这部法案以控制商业银行、投资银行等金融机构为前提，并巩固了它们作为美国金融守卫者的地位。反过来，这些金融机构又要为政府所关心的问题提供消息来源。在金融危机中，政府会为这些机构提供援助，或是接管它们。

在《多德—弗兰克法案》被正式写入法律之前，一些共和党的立法者就曾呼吁废除该法案。尽管如此，新的立法依然伴随我们至今。不管它的反对者如何希望借由国会的更替而使该提议重新被考虑，但推翻该法案的核心纲领在政治上似乎是不可行的。

由于新法案具有永久性，考虑到《多德—弗兰克法案》将要发挥的功能，我们正在从事的工作就显得更加有意义。但我们仍需思考是否存在改善新监管体系的更为简单的方法，即是否存在一种改革，它能够针对新法案中存在问题进行修订以弥补其缺陷，又能够为大众所接受，同时也不需要立法者废除这部长达 2 319 页的法案。

像这种仅做一点小调整就能产生大改变的方法真的存在吗？我的答案是肯定的。也许我该把本章的标题定为"用破产去拯救"（而不只是在最后章节），因为破产制度为改革提供许多良好的机会。为了说明我们为什么比以前更加需要破产制度以及该制度的优点，本章将首先描述政府与大型金融机构之间急需调整的新型合作关系的特点。而剩余部分将提出一些破产制度的改革，以便对《多德—弗兰克法案》进行重新定位。

有效的和无效的改革

尽管《多德—弗兰克法案》从根本上放弃了过去 75 年的监管策略——这个策略鼓励自由竞争和金融服务业分散经营，但是它引进的政府与大型金融机构之间欧洲式的合作关系，既有优点也有不足。如果银行的管理者能有效地监管新的交易清算所，并严格遵守新的银行资本金要求，那么与此次金融危机相比，金融系统的风险将会小得多，也不易再次出现危机。这些前提无疑是很难实现的。例如，资本金要求提醒银行不要过于乐观地预期未来的成功，其理论意义大于实际效果。但是政府与大型银行之间这种集团式的关系具有相对的稳定性。虽然这种关系仍然有可能瓦解，但这种可能性要比《多德—弗兰克法案》实施以前小得多。

然而，通读全书以后，我们会发现新法案存在明显的缺陷。与它们的小型竞争者相比，大型金融机构能够以更低的成本借入资金。在衍生品市场这种资本密集型领域，小型机构的弱势地位就更为明显，这一现象已经受到业内的高度关注。不论如何，《多德—弗兰克法案》都将放大房利美效应。

政府与银行之间的伙伴关系还严重依赖于监管者的专业知识。为了使政府与行业间的伙伴关系发挥作用，监管者必须始终领先于行业的领导者和市场。在一个完全集团式的体系中，行业巨头十分依赖于政府，从而满足上述条件。而在多德—弗兰克体系下，大型金融机构将拥有更大的灵活性，此时监管者的能力将是一个非常重要的问题。

美国历史上有一个短暂的时期，监管者的知识几乎与他们监管的银行和业务具有同样的专业水平。例如，在罗斯福"新政"刚刚实行的时候，许多高级学者和熟悉市场的华尔街精英们都被吸引到了华盛顿。约瑟夫·肯尼迪，一个名声并不算好的商人以及未来总统的父亲，在美国证券交易协会设立之初被任命领导该组织（人们抱怨称此举是用狐狸去看管鸡舍）。而像耶鲁法学院教授 William O. Douglas 和他的前哥伦比亚大学同事 Jerome Frank 这样的高级学者也都以监管者的身份加入到管理部门。此后，这样的情形即使是在监管最严的时期也从未再出现过。尽管加入政府部门具有很强的吸引力，但薪酬上的巨大差距还是阻止了不少人这样做。[1]

　　监管者可能会遇到被监管者的制约这个问题是华尔街与华盛顿关系中众所周知的。还有一个同样严重的问题是，由于关键决策由监管者作出，私人集团缺少自主权，尤其是在危机中，它们更是缺乏运用其高深的知识和专业技能去解决问题的动力。正如前一章所描述的，这正是新监管规则下的一个突出问题。由于解决方案完全由监管者作出，问题金融机构的高管可能因管理不当而被撤职，因此这些金融机构的高管们就没有理由去为一个既定的结果而付出努力。如果政府最终选择干预，那么这种干预行为将不会受到法规条例的限制。

　　理想的调整是减少对监管者的依赖，更多地依靠私人团体以激励他们运用专业能力，加强传统的"依法治理"的观念。虽然不易做到，但相对简单的破产改革也许能有帮助。

破产程序中的衍生品自动终止条款

　　改革的第一步是废除现行破产法中对衍生品和其他金融创新产品的一系列特殊保护。这些保护性条款是过去 30 年的产物，那时美联储、财政部和衍生品交易集团说服了国会，使其相信衍生品能够实现自我管理，并应该避免对衍生品实行外部干预。事实证明，在这次金融危机中，对衍生产品的特殊对待是错误的。这种特殊对待妨害了贝尔斯登、雷曼兄弟和美国国际集团为阻止公司进一步恶化所做的努力。这些事实本身就是一个改变对衍生品特殊对待的理由，并应像对待其他债权人一样对待衍生品交易者。但同等对待金融衍生品有一个更为重要的理由，这种同等对待促使管理者在公司出现问题时采取破产的手段，而不是《多德—弗兰克法案》提供的解决方法，并能够积极地为破产程序做准备。[2]

　　对那些并不喜欢衍生品和破产的人来说，将这两者放在一起讨论听上去似乎有些吓人。理由也许比较简单，但其含义却非常深刻。

　　在破产程序中几乎所有的债权人都要遵守一些基础的核心破产条款。

自动终止条款是《破产法》中最为重要的一个条款。在《破产法》中，自动终止相当于一个停止命令，它禁止债权人争夺担保品，采取法律行动，或纠缠债务人。设立自动终止条款是为了给债务人一个喘息的时间，以决定如何通过最好的方式处理财务困难。《破产法》同时规定，一旦债务人提出破产申请，债权人将不得利用合约中的破产约定条款来终止合约。在《破产法》的限制偏颇和欺诈性转让条款下，债权人必须返还破产前不久获得的支付，以及以低于真实价值转让给他们的财产。[3]

衍生产品和其他金融工具则不受上述条款的限制。如果一个具有系统重要性的金融机构，比方说，世界银行，面对岌岌可危的财务状况，那么它的衍生品交易对手可能会要求该机构为合约提供更多的担保，而它的回购协议贷款方可能会停止对其提供新的贷款。举个例子，假设一个信用违约掉期的投资组合的交易对手目前持有价值 2 000 万美元的担保，由于担心世界银行可能出现违约，该交易对手坚持要求世界银行额外提供 8 000 万美元的担保。如果世界银行申请破产，大多数债权人将被要求退还新增的 8 000 万美元的担保；在破产前夕获得的担保被认为是一种不正当的偏颇性偿还。但信用违约掉期的持有人却不受这些要求的限制。世界银行既不能阻止衍生品持有人强行终止合约，也不能阻止他们出售担保品。[4]

这些特殊规定可以追溯到 1978 年，可以说是过去 30 年金融发展的结果。当时的美联储、财政部和工业贸易集团将衍生产品从《破产法》中分离了出来。这些集团声称，如果不能保护衍生品免受自动终止条款的制约，那么一个拥有大量衍生品敞口的公司破产将可能造成金融系统的混乱。一名美联储代表在 1999 年递交给国会的一份提议中这样写道：

　　终止合约或强行平仓的权力对金融市场参与者的稳定至关重要……并降低由于无违约风险的交易对手无法控制自己的市场风险可能导致的一方资不抵债引起多方出现偿还危机的可能性。从微观的角度看，终止合约或强行平仓的权力能够保护金融机构；而从宏观的角度讲，通过保护被监管和未被监管的市场参与者，该权力能够防止多米诺骨牌效应似的倒闭造成系统性的问题。[5]

相反，如果衍生品不受《破产法》的限制，市场就能够在混乱中实现自我调整。该提议的拥护者称，当一家投资银行或衍生品市场的其他参与者申请破产时，持有大量衍生品合约的交易对手能够迅速终止其合约。如果合约是为了对冲风险，则可以签订替换合约。

事实证明，在 2008 年的金融危机中，这种乐观的看法是错误的。以前不论是民主党还是共和党的管理者，甚至包括时任美联储主席的保罗·沃尔克都对这种特殊对待的好处赞不绝口。而在危机爆发以后，这些管理者们却在担心，如果一个像 AIG 这样的大型金融机构申请破产，那么同时终止成千上万份衍生品合约本身就可能造成系统性危机。如果 AIG 信用违约掉期的交易对手选择终止合约并出售所持有的担保品，那么大量抛售可能会降低资产价值，其中大部分与抵押品的价值相关。

尽管这些担忧有点言过其实，但还是突出了对衍生品的特殊对待可能造成的严重后果：它使得金融机构不能通过破产程序来暂时中止债权人的求偿行为。而站在 AIG 和雷曼兄弟的角度，由于申请破产并不能阻止公司财产的巨额损失，所以它们也不准备走破产程序，因为选择破产也得不到好处。

早在金融机构发现自己处于财务困境以前，对衍生品的特殊规定就已经具有破坏性的影响。一个严重的问题是，与传统贷款相比，这种特殊对待使得衍生工具和回购协议成为一种让人无法抗拒的融资方式。因为在债务人申请破产时，此类债权人可以立即获得并出售其持有的担保品，而传统的贷款人因受到自动终止条款的制约，必须等一段时间。因此，与传统的贷款人相比，此类债权人提供的合约包含更具吸引力的款项。2005 年对《破产法》修订中扩大了接受特殊保护的回购协议的种类，使其包括了风险资产回购，比如贝尔斯登和雷曼兄弟持有的抵押支持证券，从而放大了回购融资的吸引力。如果回购协议与衍生产品没有太大区别，抑或是与传统融资方式没有太大区别，那么都不会出现问题。但是，衍生产品和回购协议的价值具有更强的波动性，它们可以被迅速的收回，从而立刻耗尽一家金融机构的流动性。[6]

一般的金融机构对衍生产品和回购协议持有偏见，而具有系统重要性的金融机构对它们的看法就更糟糕了。一家像世界银行这样的金融机构在陷入困境后很可能会得到解困。至少，人们会预测联邦存款保险公司会为其衍生产品提供全额支付，正如我们在第八章中看到的那样。一位杰出学者的研究表明，贝尔斯登利用回购融资的比例从 1990 年占其流动资产的 7% 和权益资产的 2 倍飙升至 2008 年占流动资产的 25% 和权益资产的 8 倍，预期的作用至少能够为此提供一种解释。[7]

这种将被保护的预期还会带来一些其他的问题。如果他们确信在公司倒闭时会得到救助，那么当公司陷入困境时，衍生产品和回购协议的持有人将会缺乏监管和预警的积极性。当然，也不是所有人都丧失了监管的动机，一些债权人也可能会更加积极的监管。在金融危机期间，回购协议的债权人密切监视着贝尔斯登和雷曼兄弟的状况。但其他债权人，例如衍生品交易对手，就没那么谨慎了。回顾第二章中讲到的信用违约互换市场对雷曼公司出现问题后的滞后反应，这种监管的缺失意味着一些最精明的投资家在市场最需要他们专业技术的时候选择了袖手旁观。

还有一个问题是，如果衍生品交易的参与者预期到他们会得到救助，那么他们就不会限制其对类似世界银行这样的金融机构的敞口。与其同大量的交易者进行衍生品交易，他们更喜欢增加与世界银行的衍生品交易（新的清算所可能会加重这种趋势，因为它们更加使人觉得政府将会保护遭到清算的衍生品）。衍生品特殊条例降低每一个持有大量衍生品敞口的交易者的风险，从而减少了银行分散衍生品交易的动机，衍生品市场也因此控制在少数大型金融机构手中。

一个哲学家曾经说过，一个小小的船舵能够驾驭一艘巨大的轮船，因为它可以控制方向。简单的法律改革没有这么大的作用，但废除衍生品特殊对待条款却可以产生重大的效果。

如果衍生产品和其他金融工具同别的合约一样都遵守同样的核心破产原则，如自动终止条款和偏颇条款，对衍生品和回购融资的偏见将会大大减少。衍生品债权人将会更加关注债务人的财务状况，并更加小心地控制他们对某一特定机构的交易敞口，尤其是那些没有清算组织支持的衍生品。

而这种做法对类似世界银行这样的金融机构的管理者意义就更加深刻了。结束对衍生品的特殊对待将彻底改变他们对世界银行陷入财务困境的看法。同其他的公司一样，自动终止使破产成为世界银行暂时的避风港。世界银行的管理者认识到可以通过申请破产并利用自动终止条款来拒绝追加担保的要求，这种要求将使资产恶化，可能会导致公司解体，AIG 在得到救助前就曾经历过这种情况。同时管理者有充分的理由保证破产的有序进行，因为在破产下他们仍然能够经营，并利用自动终止提供的短暂间歇，通过出售、重组，或两者结合的方式来有效的处置世界银行的资产。管理者从自动终止条款中得到的好处，使得破产成为具有系统重要性机构的一个更加可行的选择。

换而言之，如果衍生品特殊对待条款被废除，那么《多德—弗兰克法案》下的监管制度将显得不再那么重要。一家陷入困境的具有系统重要性的金融机构的管理者可以亲自出马，在危机发生后申请破产。破产能够带来程序上的公平性、透明性以及在《多德—弗兰克法案》决议框架下被破坏的全部法治价值。

ISDA 和它的不满

废除现行《破产法》中衍生品特殊对待条款的提议并没有得到所有人的支持。该提议的一个主要反对者曾是特殊对待条款的主要倡导者——国际互换与衍生品协会（ISDA）、工业贸易和游说团体。在 ISDA 最近的一份研究备忘录中，它们并没有理会我早期著作中的观点，即"美国的大部分学术研究者提出的根本建议是对衍生品的处理遵循正常的破产程序"。[8]

一般的破案故事和现实生活中的犯罪事件有个共同点，就是罪犯经常伪装成普通人。罪犯没有逃跑，而是选择留在犯罪现场附近，也许还会帮助侦探搜集证据并试图找出真凶。如果真是这样，没有人会怀疑这个人就是罪犯，因为他看上去很清白。调查人员根本想不到这个竭力帮助他们的人也正是他们所要追捕的罪犯。

随着 2008 年金融危机的蔓延，ISDA 的所作所为让我想起了这些侦探故事。金融危机来临时，由于贝尔斯登、AIG 和雷曼兄弟不能阻止其衍生品和互换协议的债权人在其任何一家公司申请破产后终止合约，这使得它们的选择更加复杂，削弱了破产机制的优点。正如第二章里讲到的，选择破产机制仍然是优于提供特殊救助。但衍生品的免除条款却消除了破产机制带来的最重要的好处。

国际互换与衍生品协会——代表了高盛、摩根大通、花旗集团还有衍生品市场的其他主要参与者——大力宣传的恰恰是这些免除条款。然而，ISDA 却声称自己不是在制造问题，而是在解决问题。在雷曼申请破产以后，ISDA 签署了一份协议，用于协调和减少雷曼衍生品债权人终止合约所要求的索赔，然后便称赞自己在控制雷曼破产风波中发挥了重要的作用。

尽管 ISDA 在 2008 年的金融危机中并不清白，但由它和其他特殊对待条款的拥护者引发的一些问题却是需要引起高度重视的。其中两个尤为突出的问题都强调了在衍生品市场这样高度波动的市场中延误可能造成的后果。第一个问题涉及衍生品交易对手与问题银行存在大量对冲交易。假设能源公司与世界银行之间签署了一笔 1 亿美元的货币互换合约，能源公司通过该合约防止未来汇率变化对其国外子公司的收益造成影响。如果世界银行申请破产，并且这份互换合约遵循正常的破产规则，那么能源公司会发现自己处在一个十分危险的境地。自动终止条款不允许能源公司终止合约并购买新的互换合约来确保资产安全。诚然，为了安全起见，能源公司会继续购买第二份合约。但是，如果能源公司这样做，而世界银行选择继续执行原有合约，那么能源公司将不得不支付两份合约的价格，而不是一份合约。如果互换合约的成本较高，那么购买第二份互换合约可能并不是一个明智的选择。

第二个问题是衍生品合约的价值具有极强的波动性，能在短时期内发生巨大的变化。这同样容易使得像能源公司这样的衍生品买家遭受损失。假设，在世界银行申请破产时，由于外币的贬值，终止货币互换合约将使世界银行亏欠 50 万美元；并且世界银行支付了价值 30 万美元的证券以保证履约。然而，两个月后，由于美元升值，终止合约将使能源公司亏欠世界银行。或者是，世界银行仍然亏欠能源公司 50 万美元，但世界银行支付给能源公司的证券价值将下跌至 10 万美元。不论是哪种方式，拖延都将给能源公司带来损失，而自动终止条款又阻止其为此采取任何行动。

第二个问题的另一个版本把研究重点放到了回购交易上。Darrell Duffie 是一位衍生品方面的高级经济学家，在与我的交谈中他经常提到这个版本（该书引用了他的很多观点）。由于回购交易的期限很短，有的仅持续一天，即便是暂时的阻止其流动也会给市场带来巨大的危害。

针对第一个问题，需要说明的是许多债权人仅仅通过认真地挑选合约就能够控制这种风险（此处忽略新的清算所可能带来的好处，后文将对此加以补充）。如果一个像能源公司这样的衍生品使用者需要对冲这个巨额的头寸，它只需要向不同的银行购买小份额的衍生品合约，而不是向一家银行购买巨额头寸。至于第二个问题——价值的波动性——能源公司可以要求世界银行提供适当的担保来控制风险敞口。此外，在这个案例中，破产本身就能够应对能源公司担保品价值下降的风险。《破产法》中的"充分保护条款"能够保证能源公司得到足值的担保，也就是该案例中的 30 万美元。[9]

结束对衍生品的特殊对待能够激励债权人更加小心地选择衍生品合约，从而限制了他们的风险敞口，而且一般破产条款的效果也远没有一些批评家设想的那样有效。我只是提到了普通破产条例中的一个保护条款——保证债权人得到担保品价值与合约签订时相同。对回购协议适用一般条款的作用也远比人们预期的有限。

在一般破产规则下，像世界银行这样的债务人有权继续"承担"大多数尚在进行中的合约，只要债务人能够修复任何违约，并承诺履行剩余合约的所有义务。但这个权力并不适用于贷款交易。因为回购协议本质上是对债务人的贷款，世界银行没有权力要求对方继续执行协议，回购合约将自动终止。所以，回购协议的贷款人将不必担心自己被困在破产程序中。通常债权人都能够得到足够的担保，如果是这样，那么他们将获得应有的回报并继续通过回购方式发放贷款（Thomas Jackson 和我在最近的一篇文章中详细地研究了这方面的案例，那些希望更多地了解这方面情况以及其他诸如"净额结算"这样的《破产法》细节的人可能会对此感兴趣）。[10]

谨慎的交易和现有破产法保护条例，并不能完全解决我们一直在讨论的问题。因为衍生品合约的价值具有很强的波动性，所以其债权人即使没有把鸡蛋放在一个篮子里，也仍有可能面临风险。

对于这些问题，一个最好的解决方法就是限制自动终止条款的持续期，如此一来，像能源公司这样的衍生品债权人就不会在困境中持续几周或几个月之久。关于自动终止条款的最佳持续期，目前还没有一个共识，我的建议是三个工作日。这个期限比一般银行决议下的一个工作日以及《多德—弗兰克法案》决议下的两个工作日稍微长了一点，从而给予管理者以足够的时间去思索如何在申请破产前处理公司的衍生品和其他资产，同时限制对其衍生品交易对手的风险敞口。

即使一个非常有限的延迟也是有代价的。像能源公司这样的衍生品债权人在世界银行申请破产后除了要面临短期的风险，在世界银行陷入财务困境后，对破产以及自动终止生效的预期将会加速回购债权人和其他债权人的逃离（Duffie 指出的另一个问题）。也就是说，废除衍生品特殊条款将影响债权人在债务人申请破产前的行为方式。预期到的延迟即使只有一点，也至少会在一定程度上增加回购和衍生品债权人逃离的倾向。

这些代价是真实存在的。但是废除衍生品特殊条款带来如此巨大的好处，尤其是它使得破产制度成为新决议框架下的一个备选方案，于是在我看来，这种好处要远远大于债权人为有限的自动终止和其他一般破产规则付出的成本。

为了避免在分析中占用过多的篇幅，我有意推迟对《多德—弗兰克法案》中有关清算所的讨论。现在要判断最终遭到清算的衍生品占衍生品市场总量多大的比例还为时尚早。如果许多像能源公司的货币互换合约这样的衍生品最终没有遭到清算，那么到目前为止的分析也不会有什么改变。但是如果要求清算的条件成立，这很有可能发生，那么它将进一步增强废除衍生品特殊条款的理由。如果能源公司的衍生品被清算，那么清算所将有责任为世界银行的业绩表现作担保。这样一来，能源公司就能得到全额的保护，其继续持有合约或替换合约的成本都将由清算所承担。

然而，清算所的存在也会带来另一个问题。如果清算所破产将如何处理呢？它是应该遵循自动终止以及其他一般破产规则呢，还是不受这些规则的约束？《多德—弗兰克法案》的决议选择了后者，明确规定清算所不受任何自动终止条款限制，并命令联邦存款保险公司继续承兑保证金和其他要求。虽然直观上这个方案似乎是合理的，但它妨碍了一家金融机构在财务困境中采取最有效解决方法的能力。清算所对保证金的需求，或它们强行终止合约的行为，就如同交易对手一样，将破坏解决方案。如果要使破产制度尽可能的有效，那么就应该像对待衍生品债权人一样，对清算所适用同样的三个工作日自动终止和其他的一般破产规则。

我已经对这个技术性高的话题展开讨论，因为有太多的利害关系。通过恢复对衍生品和其他金融合约适用的一般破产条款，国会可以消除许多《多德—弗兰克法案》可能造成的危害。在《多德—弗兰克法案》的规则下，出现问题的金融机构最终将受到监管者的控制，而得益于《破产法》第11章中的自动终止条款和其他规定，问题金融机构的管理者可以早在监管者控制公司以前，自行处理财务问题并申请破产。要完全排除救助规则是不可能的，但对衍生品和其他金融合约适用一般破产条款能够降低政府救助的可能性。

《多德—弗兰克法案》所要研究的一个问题就是破产制度在解决金融机构财务困难中的作用。人们希望这个研究提出的主要建议就是废除对衍生品的特殊对待条款。[11]

金融机构的其他破产改革

如果国会什么也不做，只是废除《破产法》中的衍生品特殊保护条款就能大大消除《多德—弗兰克法案》造成的损害。自动终止条款促使问题机构的管理者积极应对公司的财务困境，而不是坐等外部救援。作为未预期的特殊救助规则之外的一种选择，这将增加破产的吸引力。

如果立法者想要使破产进一步适应于金融机构的特殊性，则仍需要实行一些其他的改革，其中有两点值得特别关注。

第一点是废除对投资银行申请破产的不合时宜的限制。在现行的法律下，投资银行的子公司无法依据《破产法》第11章申请破产，因为《破产法》只允许"经纪公司"依据第7章申请破产。如果投资银行子公司按照《破产法》第 7 章申请破产，则公司的管理人将被负责清算公司资产的托管人替代（在这个过程中，也可以由一个叫做证券投资人保护公司的管理机构进行清算）。[12]

在过去，将经纪公司排除在《破产法》第 11 章之外有一定的道理。这种做法是为了保护消费者账户，同时考虑到这些账户的管理规则将使依据第 11 章破产的过程变得既昂贵又复杂。所以，最好的方法就是把它排除在外。

这种排除的做法针对的是过去的投资银行，而现在这样的投资银行已经不复存在了。在 20 世纪 60 年代，投资银行只是按照合伙制成立，主要从事经纪和咨询业务。但如今的投资银行已经完全不同了。经历了过去几十年的首次公开发行风潮，现在的投资银行已经变为主要依靠自营交易获取利润的上市公司，并且构成相关公司网络的一部分。所以没有理由只允许其他独立的经济实体依据《破产法》第 11 章申请破产，却不允许从事经纪业务的公司这么做。

雷曼兄弟在 2008 年申请破产保护时，很轻松地就绕开了《破产法》第 11 章的限制规定，就像德崇证券二十年前所做的那样。雷曼的控股公司和它的一些子公司按照《破产法》第 11 章申请破产保护，但主要从事经纪业务的子公司却并没有申请破产，至少最初是如此（这表明，只要公司愿意，它可以让一些子公司破产而另一些子公司继续正常经营）。为了利用破产程序将其在北美的经纪业务出售给巴克莱银行，雷曼兄弟在几天后开始对经纪业务进行清算，同时将其出售。

雷曼兄弟出售经纪业务表明，《破产法》第 11 章的限制规定是可以被绕开的。但问题是这样做是否符合现行《破产法》的规定。例如，处理雷曼兄弟破产案件的法官就明确表示，考虑到这个案子极端的紧迫性，他赞同出售，以后也许不会再碰到同样的情况。法官 Peck 说："我知道我必须赞同这个交易，但我也知道这种情况非常特殊……在将来，除非有人认为存在类似的紧急情况，这种做法将不会作为此类案件的范例。我实在无法想象类似的情况再次出现。"

与其强迫破产律师想方设法规避一项没有意义的规定并希望得到破产法官许可，不如让立法者废除《破产法》第 11 章对公司要求的限制。[13]

第二点是挑选专门的法官组成法官团，处理金融机构破产案件。这个方案的一种形式是由最高法院的首席法官指定一组联邦地方法院的法官，在每一起涉及金融机构破产的案件中，随机指派一名法官负责。这样做的目的是为了确保金融机构破产案件由熟悉金融机构的法官处理。

最近，由胡佛研究院带领的一群学者正在构思一系列有关金融机构破产的建设性条款。这项提议可用来应付我之前描述的一些问题以及其他的问题，它建议在现行《破产法》后增加新的第 14 章。这个项目相当有前景（事实上，我也是该项目组的成员之一）。[14]然而，只要一个关键的改革就能够产生最大的好处：废除《破产法》中对金融衍生品的特殊待遇。

堵上《破产法》中的"克莱斯勒之孔"

我的最后一个改革建议要回溯到第二章对克莱斯勒公司和通用汽车公司的破产案例的讨论中。这项改革的目的是为了防止政府过度重复使用破产方法救助汽车制造商。

政府的这种行为不难想象。假设汽车行业的一家主要供应商陷入财务危机，像是几年前的德尔福公司，抑或是这次没有得到救助的福特公司。在观察到政府是如何处理克莱斯勒和通用汽车公司以后，投资者是不会靠近重要行业中一家陷入财务困难的大公司的，因为担心它们会面临与克莱斯勒公司的资深贷款者同样的命运。一家重要的公司在财务陷入困境后无法融入资金将加大政府携资金介入的压力。早期的救助将增加未来救助的可能性，诱使政府尝试使用与克莱斯勒和通用汽车公司案例中相同的策略，强行把政治目的与经济目标结合在一起。

更糟的是，外部干预会影响到并不需要政府介入的破产案件。不论是处理雷曼兄弟破产案的法官还是审理布什诉戈尔案的最高法院，都不认为这种惯例会仅限于作出决策时的特殊情况。知情人在其他情形下也会尝试同样的招数。问题公司的管理者会签署一项协议，约定由一家贷款人——对冲基金或股权基金——在公司破产期间为其运营提供资金，并以便宜的价格购买公司的全部资产，同时同意继续保留公司偏爱的一些债权人。如果它们担心出现竞争性投标，它们可以请求法院在竞标中加入"竞标资格"要求以阻止其他人参加投标，正如克莱斯勒和通用汽车公司破产案中使用的那样。

我并不是建议在公司破产时禁止其出售资产，甚至整个企业。资产出售往往是必不可少的，因为它能最大限度地保持公司的价值。问题是有些公司将公司重组伪装成出售，却并没有给予债权人投票权和其他保护措施。

破产法官能够防止滥用破产程序的行为。例如，在没有一个完整和公平的拍卖程序下，法官可以拒绝公司在破产时出售资产。在克莱斯勒和通用汽车公司的案例中，法官原本可以要求一个更长的拍卖期，并拒绝设立可能阻止投标者竞标公司的部分或全部资产的投标限制。在是否允许出售资产上，《破产法》给予了法官几乎完全自由的处理权。

这种完全自由的处理权与破产法官在其他情况下的有限处理权形成了鲜明的对比。当公司提出一个正式的重组方案时，该方案必须在满足16项不同的要求后破产法官才能允许其通过。相反，在公司提出资产出售方案时，大多数情况下只需要提供一些基本原则，《破产法》在这方面也没有相关规定。

然而，具有讽刺意味的是，破产法官的这种自由处理权在实际操作中因受到限制而变得完全没有处理权，这也是法官们苦苦思索的一个问题。当公司陷入财务困境时，它们通常急需资金以维持经营，而资金提供方也清楚的认识到这一点。出资方要求公司在申请破产后获得贷款审批。在一般情况下，这不会造成严重的危害，但却大大增加了破产法官的工作量。但意图购买债务人资产的出资人可能会要求公司在短期内获得贷款和资产出售的审批。如果得不到批准，资金提供方表示将撤出资金并拒绝提供贷款，这样公司将面临倒闭。资金提供方可能会采取这样的策略以便以更低的价格获得公司的资产。

这些情况将破产法官推上了一个两难的境地。公司管理者和资金提供方两边的人员站在法官面前，他们都声称交易是保存公司价值的唯一方法，并且没有剩余的时间去做选择。如果法官坚持要花更多的时间或对协议出售的条款作出重大的改动，出资方正好借此威胁停止提供资金。

尽管理论上法官在决定是否批准贷款和协议出售上具有完全的自主权，但在现实中，如果威胁是可信的，法官拥有的自主权将会非常小。在克莱斯勒和通用汽车公司的案例中，当政府以出资方的身份介入并制造了同样的威胁时，破产法官几乎没有选择的余地。任何虚张声势的做法都意味着藐视美国政府。

一个简单的改革——限制破产法官的自主处理权，就能够应付像克莱斯勒案中政府利用一个虚假的出售实现公司重组这类问题。该提议（与哈佛法学院教授 Mark Roe 共同提出）建议，与其让破产法官在决定是否批准资产出售时拥有无限的自主权，倒不如规定一家公司在超过一半的股票或债券仍有旧公司的股东或债权人持有的情况下，禁止其利用破产出售条款出售资产（在克莱斯勒案中，超过80%的证券被保留下来，而在通用汽车公司这个比例也同样很高）。这些实际上就是企业重组，应该遵守《破产法》第11章企业重组的保护条款。[15]

这个规定将弥补《破产法》中由于政府强行利用破产救助克莱斯勒和通用汽车公司造成的漏洞。在公司重组的情况下，当事人不能使用资产出售条款，而应该回到《破产法》第11章所规定的正常的重组程序。以后，类似克莱斯勒这样的破产案件将不会出现，而破产程序所体现的法治的优点将充分发挥作用。

利用破产进行救助

为了回应政府与银行的合作关系和对临时干预的依赖，一些人号召废除《多德—弗兰克法案》，这种做法吸引了很多人的目光。但这样做却是错误的，一方面是因为《多德—弗兰克法案》确实使部分法规得到改善；另一方面，华盛顿也声称，即使是对该法案的部分废除也是不可接受的。

一个更好的应对方法是寻求机会将市场参与者和法规原则一同置于政府监管的框架之下。从这个角度来看，破产机制无疑具有巨大的发展潜质。它具有所有遭到《多德—弗兰克法案》破坏的法规的优点，这些优点对于陷入财务困境的具有系统重要性的金融机构尤为重要。而我所提出的简单的改革方案几乎不到《多德—弗兰克法案》页数的百分之一，但是这些改革对于构建一个更加平衡有效监管架构来说，却会是一个很大的进步。

第十章 一个国际化的解决方案

如果我们的假想银行——世界银行，在中国和印度都设立了分支机构，也许还扩展到了日本和欧洲，当这样一个银行濒临破产时，联邦存款保险公司被指定接管该银行，那么其在世界各地的分支机构将会受到怎样的影响？是或多或少不受纽约总部困境的影响，继续正常的运作？还是成为某个由联邦存款保险公司监管的全球范围救援过程的一部分？

答案是两者都不太可能。如果你认为一家公司美国总部的垮台不会影响其独立的海外健康子公司的运营，仅仅问一问雷曼兄弟亚洲子公司的任何一名员工，其中就有三家分公司因雷曼的垮台而停业。而如果你在构想一个适用于世界范围的破产条款，那么对任何跨境破产问题的粗略研究都将迅速打消你的这个念头（除非你是一个研究破产的学者，此类问题的学术文献中也充斥着对构建世界范围协调机制的建议，我们即将对此展开讨论）。迄今为止，金融机构和其他行业在跨境破产问题上的处理总是一团糟。是遵循一个独立的破产规则，还是因债务人所在国的不同而遵循不同的破产法规，这之间经常存在争议。

自从世界变得越来越"平"以后，有关如何处理跨国公司的破产问题——尤其但不仅限于系统重要性的金融机构就一直困扰着监管者和外交人员。《多德—弗兰克法案》并不自认为可以为这些问题提供一个全面的解决方法。确实，考虑到危机波及全世界各个角落，《多德—弗兰克法案》在跨国破产问题上能起到的作用显然相当有限。

法案的起草者辩护称，对于系统重要性的金融机构陷入困境，不可能存在一个真实可行且适用于世界范围的解决方案。我们能够期待的最好的结果是一个尚不完整的解决办法和部分协调机制。《多德—弗兰克法案》在这方面作出了少量贡献（但也至少制定了一个带有排外色彩的策略，可能会产生相反的作用）。除了指出法案中存在的一些缺陷，我将在本章讨论像限制性条约这样的简单方法所能发挥的作用，并解决本书中谈到的《多德—弗兰克法案》在国内监管方面存在的一些问题。

基本框架

这里以摘要的形式列出了一些即将讨论的要点：

- 联邦存款保险公司与国外监管者之间的协作。
- 对来自监管不当国家的交易商和经纪商的禁令。
- "生前遗嘱"。

善意地讲，《多德—弗兰克法案》在国际金融监管方面的作用非常有限。但该法案确实从三个方面对国际性问题进行了探讨。

该法案提出的第一个方案是鼓励美国监管者与国外同行进行合作。它授权联邦存款保险公司加入到与国外监管者的合作当中，并邀请公众公司会计监督委员会共享其监管的会计公司的机密信息。该法案提出的第二个方案是，如果一国的监管制度对"美国金融系统的稳定"构成威胁，那么明确禁止该国的经纪商和衍生品交易商进入美国金融市场。设立这些条款显然是为了惩罚某些国家利用宽松的监管承诺诱使衍生品交易脱离出美国，正如英国在 20 世纪 90 年代和 21 世纪初所做的那样。该法案提出的最后一个方案是要求具有系统重要性的金融机构制定"生前遗嘱"，用于概述一个"在严重的财务困难或破产情况下迅速有序的解决方案"。虽然生前遗嘱要求的提出并不是针对国际监管问题，但该方案强制要求大型金融机构解释公司结构及救生通道计划，这被认为是《多德—弗兰克法案》为国际协作作出的最突出的贡献。[1]

在详细的考察《多德—弗兰克法案》下的新方案，它的局限性以及相关问题之前，本章将首先研究大型金融机构为什么会变得如此复杂和难以管理，尤其是当它们破产的时候。

跨境破产中存在的问题

从某种意义上讲，当一家像世界银行这样具有系统重要性的金融机构陷入困境时，它显然会给世界制造麻烦。一家复杂且分布广泛的金融机构破产将不可避免地给市场造成混乱。公司结构的复杂性固然是最令人头疼的问题之一，但还有一些其他的问题。为了给跨境破产问题提出哪怕部分的解决方案，为了思考如何在它们还健康时对其实行世界范围内最有效的管理，我们必须找到问题的根源。

首先，我们来研究大型金融机构的复杂性和不透明性。一个度量其复杂性的方法是计算这些机构所拥有的独立实体的个数。几年前，花旗集团在同一个企业集团中拥有 2 435 家不同的法人机构。雷曼兄弟在 2008 年申请破产时拥有几千家独立实体。其他具有系统重要性的金融机构也拥有类似复杂的结构。[2]

为什么这些金融巨擘要不断地扩大其经营的范围，目前还无法给出单一的解释。这种复杂性至少有四个来源，其中第一个就是由不同的实体经营不同的业务，具有讽刺意味的是，这样做竟是为了简化银行内部风险管理的难度。如果不同的实体经营不同的业务，那么每个实体的经营业绩和存在问题就不容易混乱不清，从而有利于管理者的监管。金融机构的客户也会偏好不同业务分开经营。即使是在允许一家子公司同时经营商业银行业务和投行业务的国家。银行经常也会将业务拆分（如美国所要求的那样），以减少由共同经营造成的两种业务间的利益冲突（商业银行希望对某个企业发放贷款时能够给投行部门带来业务）。[3]

并购是这种复杂性的另一个来源。在一篇研究此类问题的文章中，Jacopo Carmassi 和 Richard Herring 描述了摩根大通公司通过一系列并购活动成长起来的过程。自从 1991 年化学银行与制造商汉诺威信托公司合并以后，这家企业的并购就像滚雪球一样越滚越大。并购后规模几乎是之前两倍的化学银行，又在 1996 年与大通曼哈顿银行合并。四年后，这家银行与 JP 摩根公司合并，最终形成了现在的摩根大通公司。2004 年，摩根大通与美一银行合并（Jamie Dimon，摩根大通现任 CEO，就是在这次合并后进入摩根大通的）。2008 年，摩根大通又并购了两家银行，贝尔斯登和华盛顿互助银行。它的每一次并购都会增加许多新的独立实体。[4]

这种复杂性的最后两个原因为了避税和规避其他监管规则。两者都能促使银行针对特殊交易设立特殊目的机构。这样做是为了避税，而万一母公司出现财务危机，这个特殊实体将完全独立经营。银行也一直在通过这些独立的实体来利用现行监管制度中的漏洞。例如，过去银行就通过这种方式回避了对其信用卡业务中的高利贷限制，或是对其扩张中的地域性限制。[5]

独立实体数量众多，其增长的理由又多种多样，即使是在最好情况下，要理清一个大型金融机构的经营活动也是一件令人气馁的事。而这种复杂性被放大还有另一个原因：大型金融机构在世界各地的日常经营常常会忽视其法律结构。

没有什么能比分公司与子公司的区别更能够体现业务经营和法律结构之间存在的混乱。与子公司不同，一家分公司不是独立法人。如果母公司位于美国的世界银行在加利福尼亚和东京各开立了一家分公司，这些分公司从法律意义上讲仍是母公司的一个组成部分。它们的资产属于世界银行，它们的负债也属于世界银行负债的一部分。相反，如果它们是世界银行设立的子公司，那么位于加利福尼亚和东京的分支机构就是两家独立的公司。它们拥有各自的资产和负债，彼此互不相关，也与母公司无关。尽管分公司和子公司在法律意义上是完全不同的，但大型金融机构常常无视两者的界限。它们会将独立的子公司看做是母公司的一部分，或者把分公司当成是独立的经营实体。业务经营和法律结构的脱离更加深了这些机构的复杂性。

除了复杂性和不透明性，一家具有系统重要性金融机构的倒闭还会通过破坏问题机构内部和外部的清算、结算和一般现金流服务，给市场造成巨大的破坏。1974年西德赫斯塔特银行的倒闭，被认为是当今时代倒闭的第一家跨国金融机构。尽管这家银行的规模相对较小，但这一事件对清算和交割的破坏却表现出明显的不相称性。"当德国监管者发现这家银行资不抵债时"，Richard Herring 回忆说，

"那时，德国的交易日已临近尾声，而位于美国的纽约清算所银行同业支付系统正处在清算和结算的过程中，绝大多数的大额外汇交易正在进行交割。其结果是，那些在清算日为了获得美元而将欧洲和亚洲货币卖给赫斯塔特银行的机构，发现自己无意中成为了一家德国破产银行的追索人，而这一破产程序竟持续了几十年。这一事件导致当时最大的外

汇交易市场在几个月里几乎陷入瘫痪。"[6]

雷曼兄弟的破产在其网络布局中也制造出类似的混乱。同许多大公司一样，雷曼兄弟要求其所有实体的全部现金流动都必须经过纽约的现金管理系统。当雷曼兄弟被美国政府抛弃而濒临破产时，其海外子公司的现金流被切断了，而雷曼正忙于同它的律师们争夺公司的决定权。三家亚洲子公司因雷曼的这一延误而停业，之后这三家子公司被野村控股公司收购。[7]

最后一系列问题来自于跨境破产中的跨境部分。如果世界银行在 10 个不同的国家设有办事机构，它将受到 10 种不同的破产框架的约束。目前还没有一个适用于世界范围的破产体系，而且即使存在这样的破产体系，相信许多国家也不会去遵守。当一个像世界银行这样的大型机构破产时，大多数国家的监管者作出的第一反应是开始本国内的破产程序，并在这个过程中尽可能多的为本国获取利益。这些彼此分离的破产程序几乎不可能达成一致的决议，尤其是考虑到各国的破产法规之间往往存在巨大的差异。即使是像美国和英国这样两个非常相似的国家，也可能就某一核心的破产问题持有完全不同的看法。例如，在美国，破产公司可以强制要求债权人归还在其破产前 90 天内收到的支付款。而英国在追回条款上也有它自己的规定，其范围受到了更多的限制，也不经常要求债权人归还支付款。当报纸业巨头马克斯韦尔通讯公司在 20 世纪 90 年代申请破产时，这种规则上的差异就是要处理的微妙问题之一。

这些问题，每一个都足够让监管者和外交人员无法入眠。而将这些问题放在一起，其困难程度更是可想而知，但令人佩服的是监管者和外交官们似乎并没有撒手不管的意思。

学术上的解决办法

最早关注有关跨境破产的学术文献的是非金融企业。当时大部分学者提出一种普适性的主张。在这种普适性主张下，一个国家的破产法规可以适用于全世界任何角落。相反，在区域主义的体系下，每个国家只适用各自境内的法律。

对于跨境破产问题，我最喜欢的一个普适性方案是由我的朋友 Robert Rasmussen 提出的，他是过去几十年在研究破产问题上最顶尖的学者之一。Rasmussen 提出了所谓的"菜单方案"，即一家公司需要挑选其破产时将要适用的破产法律，并在公司的创立文档中确认它所作出的选择。该公司可以选择任何一个国家的破产法律，即使它在那个国家没有任何经营活动（因此，这个"菜单"包含了世界上每个国家的破产法律）。Rasmussen 认为这种菜单方案可以消除在协调由多种破产规则产生的摩擦，而公司会倾向于选择最适合该公司特殊情况的破产法。如果公司不这么做，比方说，一家公司选择的破产规则并没能赶走糟糕的管理者，那么投资者将会通过降低其股票的支付价格或提高信贷成本来惩罚这家公司。[8]

同其他的普适性主张相比，Rasmussen 的菜单方案既有优点又有缺点。而我之所以最喜欢这种方案，是因为该方案的优点大于缺点。但是，它同其他方案一样，都有一个致命的弱点。每个国家都非常关注本国的主权。而正是由于各个国家都非常在意自身的主权，所以很难想象大多数或所有的国家会同意遵守任何一个由多国组织决定的法律。在目前这种混乱又常常相互冲突的跨境破产规则下，采取单一的破产规则也许是最好的选择，对此，没有人会产生异议。它将彻底简化在协调规则和索要优先权过程中产生的混乱。但任何现实的策略都必须包含地域主义，即允许一个国家对其境内的财产适用该国自身的法律。

最近几年，欧盟在这方面取得了实质性的进展。当一家跨国公司陷入财务困境时，欧盟的规则是在债务人总部所在国开展主要的破产程序，而在其资产和业务涉及的其他国家开展辅助的破产程序。但这个体系仍在制定当中，而且它只适用于加入欧盟的国家。毫无疑问，还有很多的工作需要完成。[9]

《多德—弗兰克法案》在跨境问题上的贡献

《多德—弗兰克法案》在处理大型金融机构跨境破产问题上叙述了很多，但这些文字并不构成一个解决的方法。相反，它们更能够说明这个问题是多么难对付。

如果你利用计算机对《多德—弗兰克法案》全文进行文字搜索，你会发现 foreign（外国的）这个词出现了数十上百次——事实上，这个词出现的频率之高可能会让你不久就放弃去计算它出现的次数，我曾尝试过一次。先不考虑这背后所暗含的意思，目前它至少突出了两个主题：一个是恳求美国监管者与外国监管者进行协调合作；另一个是如果一国不能有效地监管自身的金融市场，那么该国的经纪商和其他机构将被禁止进入美国金融市场。两个主题的提出，以及在本文第八章中谈到的要求具有系统重要性的金融机构准备生前遗嘱的条款，这就是《多德—弗兰克法案》在处理跨国破产问题上所作的贡献。

恳求条款中包含一系列有关美国监管者与外国同行进行合作的要求和指引。新法规明确授权主要会计监管部门——美国公众公司会计监督委员会与其他国家的监管者共享信息。新法规还要求联邦存款保险公司在救助过程中与外国同行进行沟通交流。例如，新法规要求联邦存款保险公司请求外国协助，授权其加入与外国政府的协调中。在制定新的互换交易监管规则中，美国证券交易委员会和美国商品期货交易委员会也被要求同它们的外国同行们进行协商。[10]

目前尚不清楚最初的这一系列规定是否仅仅是在表明国会的一个基本观点，即通过多方合作来处理跨国破产问题。也许其中最重要的一个规定就是明确授权美国公众公司会计监督委员会共享机密信息，因为有时候对信息的保密责任会严重妨碍监管部门之间的沟通。在与处理国外破产程序的监管部门的谈判中，授权联邦存款保险公司加入，也许将至少在一定程度上减少可能使谈判效果变得复杂的因素。但这些规定并不能被看做是处理跨国破产问题的新方法。

接下来的一系列规定——威胁条款——似乎也是一种协调手段，但其隐含的目的却并非如此。这背后的含义一旦公之于众，可能会引起极大的争议，读完本章后你也许就会明白。

这一系列规定中的第一条，名为"可进入美国金融市场的外国机构"的条款，要求美国证券交易委员会拒绝登记外国经纪商，如果它"对美国金融系统的稳定构成威胁"且其母国并"没有采取一个适当的金融监管体系，或没能在这方面取得显著进步，以减少这种威胁。"而另一个条款则更令人惊奇，该条款规定，如果一国对其互换市场的监管"破坏了美国金融市场的稳定性"，那么在与财政部协商以后，美国证券交易委员会或美国商品期货交易委员会可禁止该国的经济实体进入美国的互换市场。[11]

那么《多德—弗兰克法案》的起草者为什么要制定这些条款呢？其主要目的与其说是保持美国金融市场的稳定性（这无疑只是一个次要目标），不如说是为了防止《多德—弗兰克法案》可能导致衍生品业务转移到其他国家的风险。从某种意义上讲，这些规定是为了实现国际协调而采取的一种间接手段。在过去的20多年里，联合国（通过联合国国际贸易法委员会计划）、国际货币基金组织和世界银行都曾创造性地尝试制定一部最好的破产诉讼法，或是每部破产法都应具有的核心原则。这些创新的尝试认为核心原则一旦确立，一个国家就可以利用这些原则来改善它自有的破产法规。它们还认为，如果不同国家的破产法逐渐地趋于一致，跨国破产在未来就不会变得那么混乱，这也正是《多德—弗兰克法案》制定威胁条款发挥作用的地方（事实上我也参与到这些创新尝试中，尽管我对它们的有效性正逐渐地表示怀疑）。

从某种意义上讲，新的威胁条款意味着如果其他国家不采取类似《多德—弗兰克法案》规定的监管条例，美国将会对这些国家中希望在美国开展业务的大银行或衍生品交易参与者进行制裁。其释放的信息是"求同不存异"。在国际贸易背景下，这样的行为会将美国置于世界贸易组织的审判之下。这个条款还有一个让人困惑的地方，比如说，你很难想象美国证券交易委员会因为瑞信银行在其国内并没有受到与美国同样严格的法规限制，而拒绝这家瑞士银行进入美国衍生品市场。

新的生前遗嘱要求

《多德—弗兰克法案》在跨国金融监管方面的最后一个贡献是一个真正意义上的进步。正如我们在第八章谈到的，新法规要求每一个具有系统重要性的金融机构都提交一份"在危难或倒闭情况下快速有序的解决方案"——这一做法也被称为收场计划或生前遗嘱。与恳求条款和威胁条款一样，生前遗嘱要求是针对系统重要性金融机构而提出的解决方案，它并不是一个独立的规则。在某种意义上，它承担着披露的责任，尽管它所起到的作用远不止要求机构的董事和主管们制定解决公司财务困境的方案。

生前遗嘱要求发挥作用的多少主要取决于公司在制定生前遗嘱后所做的改变。如果世界银行是一个由几千家不同实体构成的混乱网络，那么生前遗嘱要求世界银行概述公司的完整结构，将促使董事和主管们下决心简化公司结构。简化结构可能意味着削减不必要的经营实体，也可能意味着更加关注世界银行法律构架与业务结构的匹配问题。

如果生前遗嘱真的能够促使大型金融结构简化资产结构，这还将带来更多好处。Richard Herring 在他写的一篇关于生前遗嘱的文章中指出，一个简化了的金融机构更有利于监管机构的监督和公司主管们的管理。他认为，"由于董事会更高度的关注、主管们更全面的分析以及债权人和交易对手更严格的要求，公司可能会降低它们的风险敞口。"[12]

但是，我们不应该因为推崇生前遗嘱而得意忘形。只要设立大量独立实体的理由仍然存在——避税和摆脱监管能够带来巨大好处——大型金融机构就会继续保持非常复杂的结构。也许世界银行拥有的实体会减少到 750 家或 1 000 家，但不太可能会降到 100 家。

只有当国会决定消除设立新实体所带来的那部分利益，实体的数量才能真正的有所下降。我非常支持在这些方面的任何创新尝试，但我相信这场变革在短时期内并不会到来。

一个简单有效的条约

在本章的前部分，我指出了跨国破产中存在的三个主要问题——复杂性、对清算业务的破坏，以及多种多样的破产规则。正如我们刚刚谈到的，《多德—弗兰克法案》的生前遗嘱要求也许能在某种程度上降低大型金融机构的复杂性。但它在处理另两个问题上就显得无能为力，尤其是不同破产规则间存在着巨大分歧。

　　希望《多德—弗兰克法案》或其他任何法律能够为这些问题提供一个全面的解决方法是不公平的。考虑到各个国家都希望控制其境内的财产，所以不可能存在一个全面的解决方法。我也曾表示，尽管一个世界范围内渐进的、部分趋同的监管制度是有帮助并有可能实现的，但我也在某种程度上对达成一个一致协议的可能性表示怀疑。

　　一些小范围的改革也许就能够对付《多德—弗兰克法案》所忽视的部分问题。或许现在最需要的是一个条约，以应付由雷曼兄弟破产所带来的一些直接的、极具危害却又可以避免的跨国破产问题。像雷曼兄弟这样具有系统重要性的金融机构，会要求其子公司将现金转送到总公司的现金管理系统中，而这个条约明确规定，这些转送的现金属于子公司，不属于母公司。美国现行的《破产法》也明确规定，这部分现金不属于母公司所有，应当归还给子公司。一个明确要求将现金归还给海外子公司的条约将避免发生任何混乱的情况。[13]

　　为了应对由西德赫斯塔特银行破产所引发的结算问题，并将该方案沿用至今，这个条约还必须规定在一个大型机构倒闭后，基本的结算和清算活动仍能继续进行。

　　那些曾经尝试让国际性条约获得支持的人，也许会对通过一个条约就能解决问题的想法表示怀疑。因为仅仅是条约内容的谈判就要用上好几年，而要让它获得大众的支持则要更久的时间。想要让一个跨国破产条约得到全世界的支持是一次不太可能成功的尝试。尽管如此，由于大部分国际金融业务发生在少数几个国家，一个约束范围较小的条约却有可能收到意外的效果。

　　一个仅涉及美国、英国、德国、法国、瑞士和日本这6个国家的条约，将可以约束世界上大部分的跨国银行活动。而且历史表明，即使只包含美英两个国家，条约也足够有效。事实上，第一个国际性银行监管条例——巴塞尔协议Ⅰ就是这样产生的。当最初对巴塞尔协议Ⅰ的讨论逐渐减少时，美国和英国开始商讨美英两国的银行监管协议。这个美英协议似乎激起了更广泛的探讨，巴塞尔协议Ⅰ也是从那时开始迅速地达成了最终的协议。[14]

清算所危机的风险

本章中我们重点讨论大型银行和其他金融机构陷入危机的情况。清算所的脆弱性是如今新的衍生交易框架下的一个主要特征，那么清算所陷入危机又会带来哪些风险呢？

考虑到现在的清算所每天都会要求追加保证金，它应该比1974年由于西德赫斯塔特银行倒闭而破坏的清算和结算系统更加稳定。尽管保证金占交易敞口的一定比例，但在市场出现极端波动的情况下，它并不能保证清算所的安全。即使收取50%的保证金，上万亿美元的市场损失仍将给清算所留下一个上千亿美元的敞口。尽管市场几乎不可能在一天当中出现如此大的波动，但在2010年6月市场却出现了所谓的瞬间崩盘，当时道琼斯工业指数在30分钟内下跌了600点。虽然之后市场经历了同样快速的反弹，但那天股票指数的变化还是造成了近2 000亿美元的净损失。《多德—弗兰克法案》将有助于监管者追踪衍生品市场并对市场变化作出适当反应，但衍生品自身却依赖于其他市场的变动。只有一个全球综合性的、实时的、尚未发明出来的信息系统才能够阻止清算所的网络对一个主要资本市场的波动作出反应，在某种极端的情况下，甚至可以防止清算所网络陷入崩溃。

对于这类问题的一个部分解决办法是，通过对交易实行多边净额结算将各国的清算所链接在一起。在多边净额结算的规则下，互换交易商在一天里不仅可以通过与对手的交易来抵消或补偿它们所有衍生品的收益和损失，在清算所中也同样如此。主要从事衍生品业务的银行肯定会支持这一做法，因为这样可以大量减少和简化它们需要提交的担保品的数量。但这个方案在危机中也有它自身的局限。一个主要互换交易商的违约可能会导致清算所出现混乱，因为它们必须决定如何分配违约造成的净损失。由于某种损失分配机制的缺失，在电子交易高速运转的背景下，违约行为将会带来一个国际性的难题。

《多德—弗兰克法案》并没有深入研究由清算所的国际性分布带来的一些问题，但在制定条约时应该把这些问题考虑在内。

法律规则的复兴

除了号召制定一个共同的条约，美国能够作出的最大贡献就是去除掉一些阻止管理者为潜在危机做准备的法律障碍。《多德—弗兰克法案》新增的生前遗嘱要求是一项富有成效的进步，因为它使得管理者提前思考公司可能面临的破产情况。大型金融机构的高管们再也不能像雷曼兄弟的理查德·福尔德（Richard Fuld）和通用汽车公司的 Rick Wagoner 那样对破产毫无准备了。

但公司的管理者仍然缺乏为破产做准备的强烈的动机，在《多德—弗兰克法案》的新规定下，他们更是愿意不惜一切代价避免进入破产程序。这个问题我们在第九章讨论过，它与跨境破产问题同样的重要。由于缺少调节机制，监管者将最终决定救助公司的时机，此时管理上的任何预备工作充其量只能起到部分作用。管理者仍然过着富裕的生活，却在不断游说政府救市。

我们在第九章讨论的对《破产法》的一些小小的改革，将使破产成为《多德—弗兰克法案》之外更具吸引力的选择，并且能减少政府在下一场危机中实施更多临时干预的可能性。如果我们的目标之一是鼓励国际化合作，那么破产机制将比特殊救助机制更具有吸引力，因为在特殊救助机制下，联邦存款保险公司有权做几乎任何它想做的事。

结　　论

为了回避"新政"下的分治策略,《多德—弗兰克法案》在政府和大型金融机构之间建立起了一种合作关系。在这种合作关系中存在两种可能性,也许会阻止改革的进一步进行。

第一种可能性是政府将会安抚大型金融机构。监管者确实可以通过《多德—弗兰克法案》对具有系统重要性的金融机构实行更为严厉的监管措施,强制它们严格遵循资本金要求,并认真实行"沃尔克规则"。"心中充满了对不稳定的恐惧",Peter Wallison 警告道,"这些新的限制措施将使银行、银行控股公司和处于美联储监管下的大型非银行金融机构之间很难出现竞争和冒险行为"。他设想,当银行"愿意,或事实上,渴望按照政府的要求去做"时,政府将会保护银行不让其倒闭。这有点类似于 Adolph Berle 在"新政"时期设想的对美国大型企业实行的安抚政策。[1]

第二种可能性是大型金融机构将会避开最严厉的限制规定,阻止监管者实施真正严格的资本金要求,并规避"沃尔克规则"。由于《多德—弗兰克法案》为政府部门提供多种将政治目的导入金融部门的机制,因此这些金融机构还将受制于管理部门和银行监管者们的政治考量。但它们仍有可能采取冒险行为。在这种新的合作关系中,不是政府,而是银行将占据了上风。

我的猜想是,大型金融机构会采取策略避开监管机构,因此出现第二种情形的可能性更大。大型银行振振有词地坚称,如果"沃尔克规则"实行的过于严格,它们将把金融业务迁到海外。无法保证这两种情形中的哪一种将会永远存在。即使真如我所料,大型金融机构将采取措施避开任何严厉的监管,未来这种局势也可能因为管理人员的更替而有所改变。

　　问题是《多德—弗兰克法案》只将可能性限制在上述的两种情况，而这两种情况都是有害无利的。无论发生哪种情况，金融部门都将受到政治导向的影响，出于经济因素考虑的问题将会被政治因素所取代。不论在哪一种情况下，改革都将受到抑制，而具有系统重要性的金融机构将能够比它们潜在的小型竞争者以更低的成本借入资金。

　　政府与银行的合作关系也会诱使政府部门在危机中采取一种特殊的、由监管者主导的救助方案。如果一家具有系统重要性的金融机构陷入财务困境，监管部门的第一反应是为其提供援助，通过向其他系统重要性金融机构施压——监管部门在1998年美国长期资本管理公司濒临倒闭，或在2008年强迫美国银行买下美林证券时，采取的就是这样的措施——或是绕开美联储的干预限制。如果监管部门采用了新的救助规则，那么将由联邦存款保险公司救助机构的主要债权人。

　　在这样的背景下，缺失的是私人部门和法律规则所扮演的角色。金融机构的管理者在公司陷入危机后将会竭力寻求救助，就像它们在2008年金融危机所做的那样。如果能得到救助，为什么还不这么做呢？一些债权人也许会打听消息，但最精明的债权人——清算所和衍生品交易对手——知道他们将在危机中获得保护。

　　全书从头到尾都在批评《多德—弗兰克法案》，而且我将继续评论它所带来的政府和大型银行间的合作关系，政府的特殊干预，以及它对法律原则的破坏。但该法案确实有一些好的提议，比如一个新的衍生品监管架构和个人消费者金融保护局。而且我相信在最后两章提到的那些简单的改革将能抵消该法案可能带来的大部分损害。如果能够给予私人部门更多的机会并鼓励他们更多地使用资讯优势，而不仅仅是依赖于监管部门，那么《多德—弗兰克法案》中的一些最糟糕的缺陷将会得到迅速的修复。这将提高国内金融监管的效率，也将给国际金融监管带来好处。

注释

第一章

1. Cohan, 2009; Sorkin, 2009.
2. The *Rolling Stone* article, with its famous quote in the first line, is Taibbi, 2009.
3. The reference to 36 bank holding companies having $50 billion in assets is based on Davis Polk & Wardwell LLP, July 21, 2010, p. 5.
4. The proxy access provision is in Dodd-Frank, Section 971, and the vote on executive compensation is in Dodd-Frank, Section 951.
5. The provision requiring removal of references to rated securities is in Dodd-Frank, Section 939.
6. The hedge fund registration requirement is in Dodd-Frank, Section 403.
7. Johnson and Kwak, 2010. For a succinct summary of Stiglitz's case for breaking up the giant banks, see Stiglitz, June 12, 2009.
8. Wallison, June 18, 2009.
9. Posner and Vermuele, 2007. Levitin makes a somewhat similar argument about bailouts in Levitin, 2011.
10. Paulson's memoir is Paulson, 2010.
11. E-mail correspondence from Peter Wallison to David Skeel, August 23, 2010. Wallison also made this assessment around the same time in a commentary, Wallison, 2010.

第二章

1. Sorkin, July 13, 2010, p. B1.
2. The discussion in this section draws on Skeel, June 29, 2009, and Ayotte and Skeel, 2010.

3. Johnson and Kwak, 2010, p. 163; Wessel, 2009, p. 2.

4. Paulson, 2010, p. 209. The limitation on Federal Reserve funding is in Section 13(3) of the Federal Reserve Act.

5. The table is from Ayotte and Skeel, 2010, p. 490, and the discussion that follows draws on pp. 490–491.

6. John B. Taylor, Testimony to Subcommittee on Commercial and Administrative Law, Committee on Judiciary, U.S. House of Representatives 2, October 22, 2009.

7. Ibid. The testimony draws on a book that came out the same year: Taylor, 2009, pp. 26–27.

8. Sorkin, 2009, pp. 214–215.

9. The quote is from Onaran and Helyar, January 2009, pp. 50, 58.

10. *Bloomberg*, January 2009, p. 62.

11. Summe, 2009, p. 87.

12. McCarken, December 29, 2008.

13. Hallman, December 2008, p. 85.

14. The intervention is chronicled in detail in Cohan, 2009, pp. 54–115.

15. The concept of government by deal comes from Davidoff and Zaring, 2010. The discussion in the text draws on Skeel, June 29, 2009.

16. The Paulson quote is reported in Jones, November 18, 2008.

17. The Supreme Court vacated the decision of the initial appellate court, then dismissed the appeal to the Supreme Court. "In re Chrysler," *United States Law Week*, December 14, 2009, p. 3359.

18. Rattner first chronicled the events in the paragraph that follows in Rattner, 2009.

19. The transaction is described in more detail in Roe and Skeel, 2010, p. 727.

20. This requirement and the Chrysler sale agreement are discussed in Roe and Skeel, 2010, p. 752.

21. The arguments in this paragraph and the paragraphs that follow are developed in much more detail in Roe and Skeel, 2010.

22. The bidding restriction can be found in the court order establishing the rules for the auction. Order, Pursuant to Sections 105, 363, and 365 of the Bankruptcy Code and Bankruptcy Rules 2002, 6004, and 6006, 2009 WL 1360869, p. 20.

23. The bankruptcy decision approving the General Motors sale is *In re Gen. Motors Corp.*, 407 B.R. 463 (Bankr. S.D.N.Y. 2009).

24. The New Deal bankruptcy reforms, which brought an end to the original Wall Street bankruptcy practice, are described in Skeel, 2001, pp. 109–127.

第三章

1. Becker and Morgenson, April 27, 2009.

2. Geithner's speech is Geithner, February 10, 2009; the reaction is described in Andrews and Labaton, February 11, 2009.

3. For a table setting forth the results of the stress tests, see www.nytimes.com/interactive/2009/05/07/business/0507-bank-stress-test.html. The *Saturday Night Live* skit is described in Johnson and Kwak, 2010, p. 171.

4. 11 U.S.C. Section 1322(b)(2) permits the modification of most mortgages and security interests, but excludes mortgages on a debtor's primary residence. If this exclusion were deleted, a debtor would be able to reduce the mortgage to the value of the property if it is underwater.

5. Davis Polk, whose involvement in the original proposal is discussed later, provided very helpful analyses of this and subsequent proposals and bills; Davis Polk & Wardwell LLP, "Treasury's Rules of the Road for Regulatory Reform," March 30, 2009. The resolution regime discussed in the next paragraph is analyzed in Davis Polk & Wardwell LLP, "Treasury's Proposed Resolution Authority for Systemically Significant Financial Companies," March 30, 2009.

6. Becker and Morgenson, April 27, 2009.

7. Warren, 2007, p. 8; Bar-Gill and Warren, 2008. The Fed's conflict of interest is discussed in Warren, 2007.

8. Paletta, July 22, 2010, pp. A1, A16.

9. Plunkett's vigil is described in Paletta, July 22, 2010.

10. Testimony of Harvey R. Miller, October 22, 2009.

11. A client memo written by the law firm Davis Polk seems to have played an important role in shaping the attempt to incorporate bankruptcy principles into the legislation. Davis Polk & Wardwell LLP, Nov. 12, 2009.

12. Testimony of Assistant Secretary Michael S. Barr, October 22, 2009.

13. E-mail to David Skeel and two others, February 2, 2010 (the e-mail says "Bankruptcy" rather than "Banking"; this is a typo).

14. The rise and fall and rise of Volcker is recounted in Cassidy, July 26, 2010.

第四章

1. The concerns about credit default swaps on Bear Stearns are described in Morgenson, March 23, 2008. The AIG collapse is recounted in detail in Sjostrom, 2009, p. 943.

2. The provision calling for a study of Fannie Mae and Freddie Mac is in Dodd-Frank, Section 1074.

3. The debates over the futures markets—the "devils in their gambling hells"—are colorfully described in Fabian, 1999.

4. The historical discussion in this and the next several paragraphs is drawn from Chahar et al., May 2010, which provides detailed citations to relevant authorities.

5. Joint Statement by Treasury Secretary Rubin, Federal Reserve Board Chairman Greenspan, and Securities and Exchange Commission Chairman Levitt, May 7, 1998.

6. The credit derivatives data can be found at Office of Comptroller of Currency, U.S. Department of the Treasury, *Quarterly Report on Bank Trading and Derivatives Activities Third Quarter 2009*, p. 2.

7. Stout, 1999, p. 701.

8. The definitions of *swap* and *security-based swap* can be found in Dodd-Frank, Section 721(a)(2).

9. The definitions of *swap dealer* and *major swap participant* are also in Dodd-Frank, Section 721(a)(2).

10. The clearinghouses do not remove the exposure of a counterparty like Goldman altogether. In addition to the possibility the clearinghouse itself could fail, the clearinghouse is the one who will determine the value of Goldman's position if Bank of America defaults. Goldman thus runs the risk that its position will be undervalued.

11. For a caution about trying to clear every credit default swap by one of the leading experts on clearinghouses, see Pirrong, 2008−2009, p. 44.

12. Duffie, Li, and Lubke, January 2010 (citing commitment by the 15 major dealer banks).

13. E-mail correspondence from Professor Darrell Duffie, Stanford University, to David Skeel, August 29, 2010.

14. The right of a clearinghouse to reject accommodation with another clearing-house is in Dodd-Frank, Section 725(h).

15. The emergency reserve requirement is in Dodd-Frank, Section 725(c).

16. The Federal Reserves authority to provide financial support to clearinghouses is in Dodd-Frank, Section 806.

17. Bolton et al., May 2010.

18. The requirement that clearinghouses set adequate margin requirements is in Dodd-Frank, Section 725. The instruction that regulators promulgate con-flict of interest rules is in Dodd-Frank, Section 726.

19. The swap data repositories are in Dodd-Frank, Section 728.

第五章

1. The Council's objectives are set forth in Dodd-Frank, Section 111.

2. Dodd-Frank, Section 113.

3. Wallison, June 18, 2009.

4. Johnson and Kwak, 2010, p. 80 (cheaper borrowing costs).

5. Geithner, August 2, 2010.

6. The quoted language is from Dodd-Frank, Section 165.

7. French et al., 2010. The quote is at p.72 and the recommendations are at pp. 71–74.

8. The Collins amendment is described in more detail in Davis Polk & Wardwell LLP, July 21, 2010, pp. 47–52.

9. Elliott, 2009, for example, finds that increased capital requirements have only a small impact on bank lending.

10. Dodd-Frank, Sections 115 (study), 163 (use of contingent capital).

11. For an excellent analysis of the contingent capital concept, see Duffie, 2009. Mark Flannery has been a leading advocate of this approach. See, for example, Flannery, 2005. Scholars proposed somewhat analogous stock cancellation schemes as an alternative to ordinary corporate bankruptcy in the 1990s, such as Bradley and Rosenzweig, 1992, and Adler, 1993. But the proposals have not had traction in that context.

12. Johnson and Kwak, 2010, p. 180.

13. Ibid., pp. 214–215 (caps on size); p. 222 (comparison to Roosevelt).

14. Investment banks' increasing dependence on proprietary trading is recounted in Morrison and Wilhelm, 2007.

15. The Volcker Rule is in Dodd-Frank, Section 619.

16. Lucchetti and Strasburg, July 6, 2010; Schwartz and Dash, August 25, 2010.

17. Lucchetti, Rappaport, and Strasburg, August 5, 2010.

18. Dodd-Frank, Section 622 (adding a new Section 14 to the Bank Holding Company Act of 1956). The concentration limit is Section 622(b). The exception discussed in the next paragraph is Section 622(c), and the Council study in the paragraph that follows is Section 622(e).

19. Dodd-Frank, Sections 121, 163.

20. The compensation provision is Dodd-Frank, Section 956.

21. Geithner, August 2, 2010.

22. Gorton's analogy between the role of the repo markets in the recent crisis and nineteenth century bank runs is developed in Gorton, 2009. Gorton subsequently developed the article into a book.

23. The Fed's authority to limit short-term debt is in Dodd-Frank, Section 165(g).

第六章

1. The proverb is quoted in Psalm 118:22.

2. The articles are Warren, 2007, and Bar-Gill and Warren, 2008.

3. Warren, 2007, and Bar-Gill and Warren, 2008.

4. Skeel, 2000, p. 1093.

5. Sullivan, Warren, and Westbrook, 1989, 2000.

6. Warren and Tyagi, 2003.

7. Sullivan, Warren, and Westbrook, 1983. The quote appears at p. 1145.

8. The article surveying law professors' media involvement is Jacoby, 2004.

9. Nader, 1965; Warren, 2007.

10. Warren, 2007, p. 8.

11. The first quote in this paragraph appears at ibid., p. 9, and the second at ibid., p. 17.

12. Bar-Gill and Warren, 2008.

13. The appointment of the director of the Bureau is in Dodd-Frank, Section 1011, and the director's inclusion on the Council is in Dodd-Frank, Section 111.

14. The general powers of the Bureau are in Dodd-Frank, Section 1021; the auto loan exclusion is in Dodd-Frank, Section 1029.

15. Authority is transferred to the Bureau from the Fed and other regulators under Dodd-Frank, Section 1061.

16. The Bureau's funding is provided for in Dodd-Frank, Section 1017.

17. The limitation on the Bureau's authority over small banks is in Dodd-Frank, Section 1026.

18. The provision governing the quashing of a Bureau regulation is in Dodd-Frank, Section 1023.

19. Dodd-Frank, Section 1022 (rule making), Section 1053 (hearings and adjudication), Section 1054 (litigation).

20. Dodd-Frank, Section 1032 (model form).

21. *Marquette Nat'l Bank of Minneapolis v. First of Omaha Service Corp.*, 439 U.S. 299, 318 (1978); Dodd-Frank, Section 1027(c) (usury limit).

22. The provisions described in this paragraph are in Dodd-Frank, Section 1403.

23. Keys, Mukherjee, Seru, and Vig, 2010.

24. Dodd-Frank, Section 941.

25. DeBedts, 1964, especially pp. 81–82.

26. Elizabeth Warren, Leo Gottlieb Professor of Law, Harvard Law School, Testimony before the House Financial Services Committee on "Regulatory

Restructuring: Enhancing Consumer Financial Products Regulation," Wednesday, June 24, 2009.

27. Warren and Tyagi, *The Two-Income Trap*, 2003. The first quote is at p. 147 and the second at p. 148.

28. The data on credit card receivables is available at Nilson Report, 2009; and a list of the largest bank holding companies can be found at National Information Center, www.ffiec.gov/nicpubweb/nicweb/ Top50Form.aspx.

第七章

1. Testimony of Professor David A. Moss, October 22, 2009.

2. Testimony of Assistant Secretary Michael S. Barr, October 22, 2009.

3. The events discussed in this paragraph and the next, as well as the details about banking and S&L regulation, are described in greater detail in Skeel, 1998, p. 723.

4. The FDIC is given the authority to close a bank unilaterally, after consultation with the primary regulator, in order to protect the deposit insurance fund in 12 U.S.C. section 1821(c)(10).

5. The triggering requirements for the resolution regime are in Dodd-Frank, Section 203(b).

6. Hynes and Walt, 2009 (citing the figures for FDIC-insured deposit transfers and purchase and assumptions).

7. Depositor preference was enacted as part of the Omnibus Budget Reconciliation Act of 1993. The deposit percentages are from Hynes and Walt, 2009, p. 28.

8. E-mail correspondence from William F. Kroener III to Thomas Jackson (Jan. 8, 2010).

9. The closure data can be found in Hynes and Walt, pp. 28–29.

10. Banking expert Bert Ely has compiled a list of FDIC bank closings since 2007. He estimates the total losses at $73.4 billion. E-mail from Bert Ely to David Skeel, August 24, 2010 (with spreadsheet).

11. Hynes and Walt also discuss the plight of WaMu's subordinated bondholders; Hynes and Walt, 2009, pp. 41–43.

第八章

1. I should note here that some scholars—most notably, New York University law professor Barry Adler—have argued that an insolvency regime that shuts down insolvent companies and sells them as scrap may sometimes be optimal, due to the incentives it creates prior to insolvency.

2. For a discussion of information contagion and counterparty contagion that draws conclusions similar to the arguments in this paragraph and the next, see Helwege, Summer 2009, p. 24; Helwege, April 2009.

3. The Treasury White Paper is U.S. Department of the Treasury, 2009. The proposal that Federal Reserve emergency lending require Treasury approval is at p. 79.

4. The revisions to the Federal Reserve's 13(3) powers are in Dodd-Frank, Section 1101.

5. The "arbitrary and capricious" standard of review is in Dodd-Frank, Section 202.

6. The triggering provision is in Dodd-Frank, Section 203(b). The definition of *financial company* comes in Dodd-Frank, Section 201(a)(11)(iii).

7. Dodd-Frank, Section 214.

8. The company's very limited bases for challenging a petition are set forth in Dodd-Frank, Section 202(a)(1)(A).

9. The 24-hour review is in Dodd-Frank, Section 202(a)(1)(A)(v).

10. The classic case construing the due process clause as requiring notice and an opportunity to be heard is *Mullane v. Central Hanover Bank & Trust Co.*, 339 U.S. 306 (1950).

11. The provision giving the debtor's managers the exclusive right to propose a reorganization plan, known as the exclusivity rule, is 11 U.S.C. Section 1121.

12. Dodd-Frank, Section 167(d) (windup plans).

13. The temporary invalidation of ipso facto clauses is in Dodd-Frank, Section 210(c)(8)(F).

14. The "all or nothing" requirement is in Dodd-Frank, Section 210(c)(11).

15. Dodd-Frank, Section 204(d) (authority to guarantee debts); Section 210(n) (10 percent funding).

16. Paulson's insistence on driving down the price of the Bear Stearns sale was first reported by Kate Kelly in the *Wall Street Journal*: Kelly, May 29, 2008, p. A1.

17. Dodd-Frank, Section 206.

18. Dodd-Frank's preference and fraudulent conveyance rules are in Dodd-Frank, Section 210(a)(11).

19. Dodd-Frank, Section 214.

20. The bridge bank provisions are in Dodd-Frank, Section 210(h). The potential use of bridge banks as a de facto reorganization is discussed in Baird and Morrison, 2010, pp. 13–14.

21. The quote is from Greene, 2010.

22. Skeel, 2001. The birth of corporate reorganization is recounted at pp. 48–70.

第九章

1. I talk about Kennedy, Douglas, and Frank in much more detail elsewhere, as in Skeel, 2001 and Skeel, 2005.

2. I have been arguing for reform in a number of scholarly articles, starting with Partnoy and Skeel, 2007, pp. 1019, 1048–1050. Other scholars who have taken a similar position include Stephen Lubben and, more recently, Mark Roe. See, for example, Lubben, 2009, Lubben, 2010, and Roe, 2010.

3. The provisions discussed in this paragraph can be found in 11 U.S.C. Section 362 (automatic stay); Section 541(c) (invalidation of ipso facto clauses); Section 547 (preferences); Section 548 (fraudulent conveyances).

4. The special derivatives protections discussed in this paragraph can be found in 11 U.S.C. Section 362(b)(17) (exception from automatic stay); Section 560 (ipso facto clauses honored); Section 546(g) (protecting from preference or fraudulent conveyance attack).

5. Statement by Federal Reserve Board Associate General Counsel Oliver Ireland, 1999.

6. The point that the special treatment of derivatives will make them more attractive than traditional financing was first made in Edwards and Morrison, 2005, p. 90, but Edwards and Morrison concluded that it would not be problematic. I am less sanguine about the substitution than are Edwards and Morrison, as the text makes clear. But it is important not to overstate the extent to which bankruptcy's special treatment drove the increased use of repo-based financing. Because investment banks sought to increase their leverage in the 1990s and 2000s, debt financing was already more attractive than issuing equity. And repo financing is much simpler than a traditional secured loan, the most comparable debt alternative.

7. Roe, 2011, p. 7.

8. Mengle, 2010, p. 1ff. The quote is at p. 2.

9. A creditor's collateral is entitled to protection in bankruptcy under 11 U.S.C. Section 362(d)(1).

10. Jackson and Skeel, June 24, 2010. The bankruptcy rule authorizing a debtor to assume a contract is in 11 U.S.C. Section 365(a) and the prohibition on assuming loan contracts is in 11 U.S.C. Section 365(c)(2).

11. The legislation provides for studies of bankruptcy as a mechanism for handling financial institution distress in two different places: Dodd-Frank, Sections 202(e) and 216.

12. The brokerage exclusion is in 11 U.S.C. Section 109(d). The analysis of the exclusion in this paragraph and the next several paragraphs draws on a more detailed treatment in Skeel, 2009, pp. 3–6.

13. *In the matter of LBH Inc. et al.*, U.S. Bankruptcy Court for the Southern District of New York, Case No. 08-13555 (September 19, 2008). The quote comes from pp. 251–252. In describing the sale as "exceptional," Judge Peck is speaking of the short time frame and other extraordinary factors, as well as the simultaneous liquidation and sale of the brokerage.

14. Kenneth Scott is the head of the Chapter 14 group, and Thomas Jackson has been the principal drafter. Other participants include Darrell Duffie, Richard Herring, William Kroener, me, Kimberly Summe, and John Taylor.

15. Roe and Skeel, 2010, p. 727.

第十章

1. Among the key cooperation provisions are Dodd Frank, Sections 752 and 981; the threatened bans are in Dodd-Frank, Sections 173 and 715; and the living will is in Dodd-Frank, Section 165(d).

2. The determination that Citigroup had 2,435 subsidiaries is from Herring and Carmassi, 2010.

3. These factors are discussed in ibid. at pp. 202–205.

4. Ibid., p. 211.

5. Ibid., pp. 212–216.

6. The quote about Herstatt comes from Herring, 2009, p. 143.

7. The effect of Lehman's collapse on its Asian subsidiaries is briefly discussed in Press Trust of India, Sept. 17, 2008.

8. Rasmussen, 2000, p. 2252.

9. The EU treatment of cross-border insolvency is discussed in more detail in Skeel, 2006, pp. 439, 451–461.

10. Dodd-Frank, Section 981 (PCAOB cooperation with foreign authorities); Section 210(a)(1)(N) (FDIC coordination with foreign authorities); Section 752 (SEC and CFTC coordination on swaps).

11. Dodd-Frank, Section 173 (access to U.S. financial markets); Section 715 (prohibition on swaps trader's entry).

12. Herring, 2009, p. 141.

13. The bankruptcy provision that would ensure return of a subsidiary's cash is 11 U.S.C. Section 541(a), which includes only property in which the debtor (here, the parent corporation) has an ownership interest in the debtor's estate.

14. The analysis of this paragraph and my account of Basel I are based on conversations with Richard Herring.

结论

1. Wallison, 2010. The first quote is at p. 6 and the second at p. 2.

参考文献

Adler, Barry E. "Financial and Political Theories of American Corporate Bankruptcy." *Stanford Law Review* 45 (1993): 311–346.

Andrews, Edmund L., and Stephen Labaton. "Geithner Details New Bank Rescue Plan." *New York Times*, February 11, 2009.

Ayotte, Kenneth, and David A. Skeel Jr. "Bankruptcy or Bailouts?" *Journal of Corporation Law* 35 (2010): 469–498.

Baird, Douglas G., and Edward R. Morrison. "Dodd-Frank for Bankruptcy Lawyers." Unpublished manuscript, 2010.

Bar-Gill, Oren, and Elizabeth Warren. "Making Credit Safer." *University of Pennsylvania Law Review* 157 (2008): 1–101.

Bebchuk, Lucian A. "A New Approach to Corporate Reorganization." *Harvard Law Review* 101 (1988): 775–804.

Becker, Joe, and Gretchen Morgenson. "Geithner, as Member and Overseer, Forged Ties to Finance Club." *New York Times*, April 27, 2009.

Bolton, Patrick, Xavier Freixas, and Joel Shapiro. "The Credit Ratings Game." Unpublished manuscript, May 2010.

Bradley, Michael, and Michael Rosenzweig. "The Untenable Case for Chapter 11." *Yale Law Review* 101 (1992): 1043–1095.

Chahar, Vijit, et al. "Retooling Corporate Governance for the Twenty-First Century." Unpublished manuscript, May 2010.

Cohan, William D. *House of Cards: A Tale of Hubris and Wretched Excess on Wall Street*. New York: Doubleday, 2009.

Davidoff, Steven M., and David Zaring. "Regulation by Deal: The Government's Response to the Financial Crisis." *Administrative Law Review* 61 (2009): 463–541.

Davis Polk & Wardwell LLP. "Summary of the Dodd-Frank Wall Reform and Consumer Protection Act, Enacted into Law on July 21." July 21, 2010, www.davispolk.com/files/Publication/7084f9fe-6580-413b-b870-b7c025ed2ecf/Presentation/PublicationAttachment/1d4495c7-0be0-4e9a-ba77-f786fb90464a/070910_Financial_Reform_Summary.pdf.

Davis Polk & Wardwell LLP. "The House and Senate Debate Resolution Authority." Nov. 12, 2009.

Davis Polk & Wardwell LLP. "Treasury's Proposed Resolution Authority for Systemically Significant Financial Companies." March 30, 2009, www.davispolk.com/1485409/clientmemos/2009/03.30.09.resolution.authority.pdf.

Davis Polk & Wardwell LLP. "Treasury's Rules of the Road for Regulatory Reform." March 30, 2009, www.davispolk.com/1485409/clientmemos/2009/03.30.09.regulatory.reform.pdf.

DeBedts, Ralph. *The New Deal's SEC: The Formative Years*. New York: Columbia University Press, 1964.

Duffie, Darrell. "Contractual Methods for Out-of-Court Restructuring." In *Ending Bailouts as We Know Them*, edited by Kenneth E. Scott, George P. Shultz, and John B. Taylor. Stanford, CA: Hoover Institution Press, 2009.

Duffie, Darrell, Ada Li, and Theo Lubke. "Policy Perspectives on OTC Derivatives Market Infrastructure." *Federal Reserve Bank of New York Staff Reports*, January 2010.

Edwards, Franklin R., and Edward R. Morrison. "Derivatives and the Bankruptcy Code: Why the Special Treatment?" *Yale Journal on Regulation* 22 (2005): 91–122.

Elliott, Douglas J. "Quantifying the Effects on Lending of Increased Capital Requirements." Working paper prepared for the Brookings Institution, September 21, 2009.

Fabian, Ann. *Card Sharps and Bucket Shops: Gambling in Nineteenth Century America*. New York: Routledge, 1999.

Flannery, Mark J. "No Pain, No Gain? Effecting Market Discipline via 'Reverse Convertible Debentures.'" In *Capital Adequacy Beyond Basel: Banking, Securities, and Insurance*, edited by Hal S. Scott. Oxford: Oxford University Press, 2005.

French, Kenneth R., et al. *The Squam Lake Report: Fixing the Financial System*. Princeton, NJ: Princeton University Press, 2010.

Geithner, Timothy F. "Rebuilding the American Financial System." Speech presented at New York University Stern School of Business, August 2, 2010.

Gorton, Gary. 2009. "Slapped in the Face by the Invisible Hand." Prepared for the Federal Research Bank of Atlanta's 2009 Financial Markets Conference: Financial Innovation and Crisis, May 11–13, 2009.

Greene, Jenna. "FDIC's New Power to Dissolve Companies Raises Concerns." *Law.com*, September 7, 2010.

Hallman, Ben. "A Moment's Notice." *American Lawyer*, December 2008, 85.

Harper, Christine, et al. "Wall Street Stealth Lobby Defends $35 Billion Derivatives Haul." *Bloomberg*, August 31, 2009. www.bloomberg.com/apps/news?pid=newsarchive&sid=agFM_w6e2i00.

Helwege, Jean. "Financial Firm Bankruptcy and Systemic Risk." *Regulation*, Summer 2009, 24–29.

Helwege, Jean. "Financial Firm Bankruptcy and Systemic Risk." Unpublished manuscript, April 2009.

Herring, Richard J. "Wind-Down Plans as an Alternative to Bailouts: The Cross-Border Challenges." In *Ending Bailouts as We Know Them*, edited by Kenneth E. Scott, George P. Shultz, and John B. Taylor. Stanford, CA: Hoover Institution Press, 2009.

Herring, Richard, and Jacopo Carmassi. "The Corporate Structure of International Financial Conglomerates: Complexity and Its Implications for Safety and Soundness." In *The Oxford Handbook of Banking*. Oxford: Oxford University Press, 2010.

Hynes, Richard M., and Steven D. Walt. "Why Banks Are Not Allowed in Bankruptcy." Unpublished manuscript, 2009.

Jackson, Thomas, and David A. Skeel Jr. "Transaction Consistency and the New Finance in Bankruptcy." Unpublished manuscript, June 24, 2010.

Jacoby, Melissa B. "Negotiating Bankruptcy Legislation Through the News Media." *Houston Law Review* 41 (2004): 1091–1144.

Johnson, Simon, and James Kwak. *13 Bankers: The Wall Street Takeover and the Next Financial Meltdown*. New York: Pantheon, 2010.

Jones, Wendy. "Paulson, Bernanke Testify, Get Grilled." *First Read (NBC)*, Nov. 18, 2008. Available at http://firstread.msnbc.msn.com/_news/2008/11/18/4425489-paulson-bernanke-testify-get-grilled.

Kelly, Kate. "Bear Stearns Neared Collapse Twice in Frenzied Final Week." *Wall Street Journal*, May 29, 2008, A1.

Keys, Benjamin J., Tanmoy Mukherjee, Amit Seru, and Vikrant Vig. "Did Securitization Lead to Lax Screening? Evidence from Subprime Loans." *Quarterly Journal of Economics*, 2010, 307.

Lattman, Peter. "Judge Orders Auction in a Rebuke to Delphi Plan." *Wall Street Journal*, June 11, 2009, B1.

Levitin, Adam J., "In Defense of Bailouts." *Georgetown Law Journal* (forthcoming 2011).

Lubben, Stephen J. "The Bankruptcy Code without Safe Harbors." *American Bankruptcy Law Journal* 84 (2010): 123–142.

Lubben, Stephen J. "Derivatives and Bankruptcy: The Flawed Case for Special Treatment." *University of Pennsylvania Journal of Business Law* 12 (2009): 61–78.

Lucchetti, Aaron, Liz Rappaport, and Jenny Strasburg. "Gorman Hedges a Bet at Morgan." *Wall Street Journal*, August 5, 2010.

Lucchetti, Aaron, and Jenny Strasburg. "Banks Redefine Jobs of 'Prop' Traders." *Wall Street Journal*, July 6, 2010.

McCarken, Jeffrey. "Lehman's Chaotic Bankruptcy Filing Destroyed Billions in Value." *Wall Street Journal*, December 29, 2008.

Mengle, David. "The Importance of Close-Out Netting." *ISDA Research Notes*, 2010, 1.

Morgenson, Gretchen. "In the Fed's Crosshairs: Exotic Game." *New York Times*, March 23, 2008.

Morrison, Alan D., and William J. Wilhelm Jr. *Investment Banking: Institutions, Politics, and Law.* Cambridge: Cambridge University Press, 2007.

Nader, Ralph. *Unsafe at Any Speed: The Designed-In Dangers of the American Automobile.* New York: Grossman Publishers, 1965.

Nilson Report, August 2009. Available at www.creditcards.com/credit-card-News/credit-card-industry-facts-personal-debt-statistics-1276.php.

Onaran, Yalman, and John Helyar. "Lehman's Last Days." *Bloomberg Markets*, January 2009, 50, 58.

Paletta, Damian. "Fight over Consumer Agency Looms as Overhaul Is Signed." *Wall Street Journal*, July 22, 2010, A1, A16.

Partnoy, Frank, and David A. Skeel Jr. "The Promise and Perils of Credit Derivatives." *University of Cincinnati Law Review* 75 (2007): 1019–1051.

Paulson, Henry M., Jr. *On the Brink: Inside the Race to Stop the Collapse of the Global Financial System.* New York: Business Plus, 2010.

Pirrong, Craig. "The Clearinghouse Cure." *Regulation*, Winter 2008–2009, 44.

Posner, Eric, and Adrian Vermuele. *Terror in the Balance: Security, Liberty, and the Courts.* New York: Oxford University Press, 2007.

Press Trust of India, "3 Asian Subsidiaries of Lehman Brothers Suspend Operations." indianexpress.com, Sept. 17, 2008. Available at www.indianex press.com/story-print/362386/.

Rasmussen, Robert K. "Resolving Transnational Insolvencies through Private Ordering." *Michigan Law Review* 98 (2000): 2252–2275.

Rattner, Steve. "The Auto Bailout: How We Did It." *Fortune*, October 21, 2009.

Roe, Mark J. "Bankruptcy's Financial Crisis Accelerator." *Stanford Law Review*, (forthcoming 2011).

Roe, Mark J., and David A. Skeel, Jr. "Assessing the Chrysler Bankruptcy." *Michigan Law Review* 108 (2010): 727–771.

Schwartz, Nelson D., and Eric Dash. "Despite Reform, Banks Have Room for Risky Deals." *New York Times*, August 25, 2010.

Sjostrom, William K., Jr. "The AIG Bailout." *Washington and Lee Law Review* 66 (2009): 943–991.

Skeel, David A., Jr. "Bankruptcy Boundary Games." *Brooklyn Journal of Corporate, Financial and Commercial Law* 4 (2009): 1–21.

Skeel, David A., Jr. "Creditors' Ball: The 'New' New Corporate Governance in Chapter 11." *University of Pennsylvania Law Review* 152 (2003): 917–949.

Skeel, David A., Jr. *Debt's Dominion: A History of Bankruptcy Law in America.* Princeton, NJ: Princeton University Press, 2001.

Skeel, David A., Jr. "European Implications of Bankruptcy Venue Shopping in the U.S." *University of Buffalo Law School* 54 (2006): 439–466.

Skeel, David. "Give Bankruptcy a Chance." *Weekly Standard*, June 29, 2009.

Skeel, David A., Jr. *Icarus in the Boardroom: The Fundamental Flaws in Corporate America and Where They Came From.* New York: Oxford University Press, 2005.

Skeel, David A., Jr. "The Law and Finance of Bank and Insurance Insolvency Regulation." *Texas Law Review* 76 (1998): 723–780.

Skeel, David Arthur, Jr. "Vern Countryman and the Paths of Progressive (and Populist) Legal Scholarship." *Harvard Law Review* 113 (2000): 1075–1129.

Sorkin, Andrew Ross. "Paulson Likes What He Sees in Overhaul." *New York Times*, July 13, 2010, B1.

Sorkin, Andrew Ross. *Too Big to Fail: The Inside Story of How Wall Street and Washington Fought to Save the Financial System—and Themselves.* New York: Viking, 2009.

Stiglitz, Joseph. "America's Socialism for the Rich." *Guardian*, June 12, 2009.

Stout, Lynn. "Why the Law Hates Speculators: Regulation and Private Ordering in the Market for OTC Derivatives." *Duke Law Journal* 48 (1999): 701–786.

Sullivan, Teresa A., Elizabeth Warren, and Jay Lawrence Westbrook. *As We Forgive Our Debtors: Bankruptcy and Consumer Credit in America*. Cambridge, MA: Harvard University Press, 1989.

Sullivan, Teresa A., Elizabeth Warren, and Jay Lawrence Westbrook. "Limiting Access to Bankruptcy Discharge: An Analysis of the Creditors' Data." *Wisconsin Law Review* (1983): 1091–1146.

Sullivan, Teresa A., Elizabeth Warren, and Jay Lawrence Westbrook. *The Fragile Middle Class: Americans in Debt*. New Haven, CT: Yale University Press, 2000.

Summe, Kimberly Anne. "Lessons Learned from the Lehman Bankruptcy." In *Ending Bailouts as We Know Them*, edited by Kenneth E. Scott, George P. Shultz, and John B. Taylor. Stanford, CA: Hoover Institution Press, 2009.

Taibbi, Matt. "The Great American Bubble Machine." *Rolling Stone*, July 9–23, 2009.

Taylor, John B. *Getting Off Track: How Government Actions and Interventions Caused, Prolonged, and Worsened the Financial Crisis*. Stanford, CA: Hoover Institution Press, 2009.

U.S. Department of the Treasury. *Financial Regulatory Reform: A New Foundation*, June 17, 2009, www.financialstability.gov/docs/regs/FinalReport_web.pdf.

U.S. Department of the Treasury. *Quarterly Report on Bank Trading and Derivatives Activities, Third Quarter 2009*. 2010, 2, www.occ.treas.gov/ftp/release/2009-161a.pdf.

Wallison, Peter J. "The Dodd-Frank Act: Creative Destruction, Destroy," *American Enterprise Institute Outlook*, August 31, 2010.

Wallison, Peter J. "Too Big to Fail, or Succeed." *Wall Street Journal*, June 18, 2009.

Warren, Elizabeth. "Unsafe at Any Rate." *Democracy*, Summer 2007, 8–19.

Warren, Elizabeth, and Amelia Warren Tyagi. *The Two-Income Trap*. New York: Basic Books, 2003.

Wessel, David. *In Fed We Trust: Ben Bernanke's War on the Great Panic*. New York: Crown Business, 2009.

鸣 谢

　　尽管花了很长时间进行构思，但是出于各种压力，这本书还是很快完成了。但是，或者说正是这个原因，我在短期内欠了很多人情。我的研究团队——Albert Lichy，Spencer Pepper，Paul Vogelman——读了我的大量手稿，为我的研究提供了大量的帮助和一些深入的见解。我收到了来自 Colleen Baker，Peter Conti-brown，Steven Davidoff，Dan Geldon，Randy Guynn，Marc Hecht，Adam Levitin，Nelson Mckinley，Ken Scott，David Skeel Sr.，Kimberly Summe 和 Bob Thompson 的一些详细的评述和建议。Douglas Baird，Magda Bianco，Martin Bienenstock，Patrick Bolton，Silvana Burgese，Eric Dillalogue，John Douglas，Bill Draper，Darrell Duffie，Bert Ely，Mike Fitts，Courtney Geduldig，Harvey Miller，Frank Partnoy，David Payne，Merle Slyhoff，Elizabeth Warren 和 Gary Witt 为这本书的出版提供了重要的帮助。感谢宾夕法尼亚大学法学院对本研究的支持。我对你们表示最诚挚的感谢。

　　如果在《多德—弗兰克法案》通过前，我没有收到 Laura Walsh 主编的电子邮件，可能就没有这本书的出版。感谢 Laura，Mary Daniello，Judy Howarth，Adrianna Johnson 以及 John Wiley & Sons 出版社的所有人。

　　对于我的妻子 Sharon，儿子 Carter 和 Stephen，原谅了我 2010 年的春天和夏天没有陪伴他们，我希望通过别的方式感谢他们。